Italian Recipes

이탈리아 집밥

일러두기

· 재료는 2인분을 기준으로 했으며, 특별한 경우 따로 표기했습니다.
· 이탈리아어 요리명은 국립국어원 외래어 표기법을 기본으로 하되,
  이탈리아어와 차이가 큰 경우 본토 발음을 살려 적었습니다.
· 요리의 분류 표기는 파스타, 리조또를 구분해 적고, 나머지 음식은
  애피타이저, 메인, 디저트, 사이드 디시로 기재했습니다.
· 피자는 오븐의 성능에 따라 완성도의 차이가 있어 책에 피자 레시피를
  넣지 않았습니다.

이탈리아 집밥

정해리 지음

b.read

Intro

단순해서 맛있는 이탈리아 음식

스무 살까지 엄마 따라 시장 가는 것도 싫어하고, 카레라이스를 좋아하는
입맛의 편식주의자였던 제가 어느 날 이국의 주방에서 즐겁게 요리를 만들고
있었어요.
제 음식 이야기는 페라라(Ferrara)의 어느 저택에서 시작됩니다. 과수원
딸린 집에서 허브도 기르고 닭도 키우는 솜씨 좋은 주인아주머니 파올라를
만났어요. 우리로 치면 달걀전 비슷한 음식을 만들어도, 밀가루에 달걀 몇 개
섞어 칼국수 밀듯이 파스타를 만들어도, 채소를 구워 소금과 올리브유만
넣어도, 그저 토마토와 바질을 넣고 비벼도, 모든 음식이 정말 맛있는 거예요.
한국에서는 입에도 대지 않던 가지를 그릴에 구워 소금, 올리브유만 뿌려
맛있게 먹는 모습은 스스로도 믿기지 않았어요. 게다가 음식을 먹으면서
뭐 뭐 들어갔는지도 단번에 알 수 있어서 제가 절대 미각이라도 된 줄
알았다니까요.(웃음) 단순하고 꾸밈없는 음식이라서 가능했던 것이죠. 그것이
바로 이탈리아 음식의 특징이자 매력이에요.
이탈리아 요리는 쉽고 맛있어요. 세계적으로 '이탈리아 가정식'이라는 말이
통용되는 것도 그런 이유겠지요. 2001년 귀국해 레스토랑 주방을 맡았을 때
직원들이 옆에서 "이것만 넣어도 될까요?" 하는 의아한 눈빛으로 바라보곤
했어요. 당시 우리나라의 이탈리아 음식은 각종 드라이 허브를 잔뜩 넣은
미국식이었어요. 예를 들면 해산물 스파게티에 오레가노를 듬뿍 넣어

해산물 맛보다 오레가노 맛이 강한 식이었지요. 조개와인찜에서는 조개
맛이, 토마토 스파게티에서는 신선한 토마토의 풍미가 나면 돼요. 제가 만든
파스타를 먹어보고 반한 사람들의 요청으로 우연히 쿠킹 클래스를 시작하고,
그들이 음식을 만들어 가족과 나눠 먹는 기쁨을 누리는 것이 뿌듯했어요.
파올라 아주머니 덕분에 제가 음식을 만들게 된 것처럼 저도 누군가에게
그런 영향을 끼친다는 것이 행복했지요.
이 책에는 이탈리아 할머니의 저장 반찬부터 미슐랭 셰프의 애피타이저까지
있어요. 20년 가까이 이탈리아의 가정에서, 농부의 집에서, 셰프의 주방에서
익힌 레시피 중에서 레스토랑 손님들이 좋아한 메뉴, 쿠킹 클래스 회원들이
만들어보고 감탄한 레시피를 고르고 골라 담았어요.
요리는 제 인생의 활력소이자 피난처였어요. 지루한 것을 싫어하는 저에게
수많은 재료와 무궁무진한 레시피가 펼쳐지는 요리는 굉장한 기대와
즐거움을 주었고, 유학 생활을 하며 인생의 우여곡절을 겪을 때 파올라
아주머니의 음식과 따뜻한 마음이 위로가 되었어요.
티라미수! 이탈리아어로 '나를 끌어올려줘'라는 뜻인데요, 이 책에 담긴
이야기와 레시피가 여러분의 일상을 끌어올려주기를 바랍니다.
끝으로, 음식의 길로 들어서게 해준 나의 소중한 친구 파올라, 언제나
지지해주는 남편에게 고마움을 전합니다.

2020년 가을
정해리

contents

Intro
Cooking Note 8
Shopping List 10
Italian Sauce 14
Tools 19
Fresh Pasta Recipe 생면 파스타 만들기 20

PART 1
파올라 아주머니의 부엌에서 26
온동네에서 요리 선생님으로 통하는
베테랑의 음식

방울토마토 피클, 양파초절임 30
크림당근 32
숯처럼 태워서 피망직화구이 34
홍합 올린 컬리플라워수프 36
이탈리아의 만둣국 토르텔리니 38
주키니까르보나라 가르가넬리 40
정통 레시피대로 생면 라자냐 42
페라라의 전통 음식 단호박카펠라치 44
밀가루 없이 초코케이크 46
영화 속 당근케이크 48
소화 돕는 식후주 리몬첼로 50
군침 도는 새콤함 레몬소르벳또 52

PART 2
푸근하고 정 넘치는 이탈리아 할머니 레시피 54
하숙집 할머니, 기숙사 수녀님,
친구들의 어머니 음식

이게 시금치라니 시금치살타토 58
치즈 얹은 표고버섯오븐구이 60
시칠리아식 가지절임 62
이탈리아의 라따뚜이 가지카포나타 64
세상에서 가장 작은 파스타 쿠스쿠스샐러드 66
주키니카르파초 68
서커스 마차의 이름 카로짜 70
채소와 보리를 듬뿍 보리수프 72
이탈리아 스키장 메뉴 양파수프 74
베네치아의 단짠단짠 사오르 76
이탈리아식 오징어튀김 78
할머니의 수제비 뇨끼 80
까르보나라 스파게티 82
화날 정도로 맵다는 뜻 아라비아타 펜네 84
사냥꾼의 닭 요리 86
불고깃감으로 쇠고기치즈말이 88
나를 끌어올려줘 티라미수 90
빵 위에 이것저것 올려 크로스티니 92
이탈리아 국기 색 브루스케타 94

PART 3
오페라 가수에서 요리사로 96
요리학교, 레스토랑에서 갈고 닦은
비장의 레시피

식전빵 포카치아 100
정원이라 부르는 채소 절임 쟈르디녜라 102
벨벳처럼 부드러운 버터너트스쿼시수프 104
겨울 당근으로 당근수프 106
줄기도 함께 브로콜리수프 108
진한 버섯의 풍미 양송이버섯수프 110
향긋한 감자대파크림수프 112
남은 재료로 감자그라탱 114
말하자면 달걀전 감자프리타타 116
여름날 시칠리아에서는 그리스식 샐러드 118
비트 드레싱 비트단감샐러드 120
소스에 재운 회 광어세비체 122
바질페스토 링귀네 124
의외로 까다로운 알리오올리오 126
이탈리아 손칼국수 새우크림 탈리아텔레 128
볼로녜제 탈리아텔레 130
모둠버섯 시금치탈리아텔레 132
새우로제 스파게티 134
바지락으로 봉골레 링귀네 136
해산물 스파게티 138
리코타치즈 시금치 칸넬로니 140
왕새우구이 사프란리조또 142
딱새우로제리조또 144
스테이크를 부르는 말 비스테카 146
이탈리아식 씨겨자양갈비구이 148
매시트포테이토를 곁들인 흑맥주목살찜 150
쉽고 폼 나는 도미오븐구이 152

PART 4
이탈리아 현지의 맛을 찾아서 154
10여 년간 이탈리아 농가와 각지의
셰프들에게 배운 음식

치즈 넣은 수플레 158
구수한 보리타불레 160
사르르 녹는 문어샐러드 162
딱딱해진 빵 살리기 판짜넬라 164
군만두 비슷한 판체로티 166
오렌지라는 뜻 아란치니 168
미슐랭 셰프의 레시피 쇠고기타르타르 170
홍합와인찜 172
안초비오징어 스파게티 174
송로버섯 탈리아텔레 176
의외로 간단한 오징어먹물리조또 178
밀라노의 리조또 파르미쟈노리조또 180
블랙올리브페스토 가자미구이 182
리구리아식 해산물수프 184
이탈리아식 새우볶음 마짱콜레 186
차게 먹는 참치소스 로스트비프 188
치즈 품은 닭가슴살구이 190
젤라틴 없이 초콜릿무스 192
베리 판나꼬따 194
캐러멜 판나꼬따 196
에스프레소 판나꼬따 197

Table from Italian Recipe 198
Index 200

Cooking Note

이탈리아 요리할 때 알아둬야 할 몇 가지

올리브유와 버터를 적절히 섞어 써요
파스타를 만들 때 올리브유와 버터를 골라 써요. 해산물처럼 맛이 풍부한 재료를 쓸 때는 굳이 버터를 넣지 않고, 버섯의 경우 한 종류만 들어갈 때는 버터를 조금 넣어요. 오일 파스타는 올리브유가 무척 중요해서 엑스트라 버진 올리브유를 써요. 토마토나 크림 파스타는 퓨어 올리브유도 괜찮지만 엑스트라 버진 올리브유를 쓰면 맛이 더 좋지요.

1분 덜 삶거나 더 삶거나
면 삶는 시간은 브랜드에 따라 달라요. 듀럼 밀의 함량이 다르기 때문입니다. 브랜드마다 연구를 통해 가장 맛있게 삶아지는 시간을 적어둔 것이니 그대로 지키는 것이 좋아요. 다만 기호에 따라 삶는 시간을 1분 정도 늘리거나 줄일 수 있어요. 알덴테를 좋아한다면 소스에 버무리는 시간을 고려해 1분 정도 덜 삶으세요. 뇨끼, 라비올리를 포함한 모든 생면 파스타는 물에 넣고 끓이다 동동 떠오른 후 건져 소스에 버무리면 알덴테의 식감이 되고 면이 떠오른 후 1분 정도 두었다가 건지면 좀 더 부드럽습니다.

면과 소스 섞기, 만테카레(mantecare)
셰프들이 하는 '팬 놀림'이 바로 만테카레 과정이에요. 팬을 들어 올렸다 내렸다 하면 온도가 내려가면서 물과 기름이 잘 섞이는데, 만테카레를 잘해야 면과 소스가 잘 어우러져요. 팬을 다루는 것이 부담스럽다면 젓가락이나 집게로 섞어주세요. 만테카레는 크림파스타나 오일파스타를 만들 때 중요한 과정이고, 토마토소스 파스타는 이 과정 없이 완성합니다.

씹을수록 고소한 알덴테(al dente)
덴테는 치아라는 뜻이에요. 면을 이로 끊었을 때 하얀 심이 아주 조금 남아 있는 상태를 말하죠. 이탈리아 사람들은 이렇게 조금 덜 삶은 파스타를 좋아해요. 씹을수록 고소하기 때문이지요. 하지만 부드러운 국수에 익숙한 우리나라 사람들은 알덴테보다 좀 더 익은 파스타를 좋아해요. 알덴테에 한번 도전해보세요. 파스타의 색다른 묘미에 반할 거예요.

무조건 치즈를 뿌리지 않아요
파스타에 무조건 치즈를 뿌리지는 않아요. 해산물 요리에는 치즈가 어울리지 않고, 알리오올리오에도 그렇지요. 토핑용 치즈는 주로 파르메산치즈를 쓰는데 까르보나라에는 페코리노로마노치즈를 뿌려요. 양젖 치즈 특유의 향이 까르보나라에 들어가는 판체타나 베이컨과 잘 어울립니다.

가장 많이 쓰는 허브, 이탤리언 파슬리
바질과 이탤리언 파슬리는 재료의 잡내를 잡기보다 향을 즐기는 허브예요. 이탈리아 요리에 가장 많이 쓰는 허브는 이탤리언 파슬리로, 꽃 모양의 프렌치 파슬리와 구분해 써요. 이탤리언 파슬리가 프렌치 파슬리보다 향이 좋아 파스타뿐 아니라 해산물 요리에도 즐겨 넣어요. 누린내를 잡아주는 허브인 로즈메리나 오레가노는 주로 고기 요리에 써요. 월계수잎을 제외한 허브는 되도록 생잎을 쓰는 게 좋아요. 향을 내기 위해 허브를 쓰는데 말린 허브는 향이 풍부하지 않거든요.

Shopping List

올리브

아페리디바(Aperidiva) 블랙·그린 올리브 절임은 씨째 절인 제품이에요. 짜지 않고 식감이 좋아 자주 사용하지요. 샐러드나 애피타이저에 넣고, 블랙 올리브는 씨를 빼고 갈아 소스로도 쓴답니다. 책에 소개한 가자미구이에 블랙 올리브를 활용한 레시피(p.182 참조)가 나와요.

소금

저는 우리나라 토판염을 즐겨 쓰는데, 간을 섬세하게 맞출 때는 염도가 낮고 부드러운 알프스 소금을 써요. 그리고 이탈리아에 가면 시칠리아 트라파니(Trapani) 소금을 꼭 사 옵니다. 트라파니는 물과 해가 좋아 질 좋은 소금이 나는 염전 도시예요. 이곳 소금은 염도가 높고 미네랄이 풍부해 소량으로 맛을 내기 좋아요.

올리브유

1 프루네티(Pruneti) 토스카노 IGP는 전통 방식인 콜드프레스 기법으로 추출한 유기농 엑스트라 버진 올리브유예요. 이탈리아 토스카나산으로 IGP(지리적 보호 상품) 인증 제품이고, 산도가 낮으면서 쌉쌀하고 매운맛이 조화로워요.
2 오데올리바(O de Oliva)는 스페인산 엑스트라 버진 올리브유로 품질 대비 가격도 좋고, 품종별로 제품이 있어 섬세하게 골라쓰기 좋아요. 알이 작은 아르베키나 품종은 샐러드, 채소볶음, 흰 살 생선 조리에 적합하지요.

쌀

이탈리아 쌀은 우리 쌀보다 알이 통통하고 커요. 리조또를 만들 때 이탈리아 쌀을 써보세요. 리조또용 이탈리아 쌀 품종은 카르나롤리(Carnaroli), 아르보리오(Arborio)가 유명합니다. 이탈리아에도 우리 쌀처럼 작은 품종이 있는데 그 종류는 주로 샐러드용으로 써요.

식초

수부초는 현미로 술을 빚어 항아리에서 자연 발효해 만든 식초예요. 이수부 셰프가 연구 개발한 식초로 맛이 부드럽고 감칠맛이 좋지요. 한식과 서양식에 두루 어울리고, 벌꿀이 들어 있어 드레싱으로 쓰기도 좋아요.

밀가루

밀가루도 나라마다 달라서 이탈리아 밀가루로 만들면 현지 음식 맛을 낼 수 있어요. 안티모 카푸토(Antimo Caputo)는 나폴리피자협회에서 인증한 전통 있는 브랜드로 이 제품은 생면이나 빵에 두루 쓸 수 있어요. 쉐프스푸드(chefs.co.kr)에서 판매해요.

홀 토마토

홀 토마토는 이탈리아산을 쓸 수밖에 없어요. 길쭉한 토마토는 이탈리아에서만 나니까요. 해가 좋은 남부의 토마토가 좋은데 그중에서도 시칠리아 산마르치아노(San Marziano) 토마토가 맛있어요. 라피아만테 (La Fiammante)는 신맛이 덜해 우리나라 사람들이 좋아해요.

카놀라유
저온 압착한 독일산 카놀라유예요. 기존 카놀라유와 달리 향과 맛이 좋아 샐러드 드레싱으로 애용합니다.

조리용 와인
조리용 와인은 향이 강하거나 달면 요리 맛에 영향을 줘요. 특히 화이트 와인은 조리용을 쓰세요. 팩 제품은 가벼워서 사용과 보관이 편리합니다.

핑거 쿠키
티라미수를 만들 때 넣는 과자예요. 이 제품이 있으면 티라미수 만들기가 쉬워요. 마스카르포네치즈 사이에서 부드럽게 녹고, 입안에서 살살 녹아 이탈리아에서 막 이가 나기 시작한 아기들에게 주지요.

안초비
안초비는 상품 종류가 다양하지만 델리시우스(Delicius)나 리오(Rio) 브랜드가 짠맛이 덜해요. 병 제품은 멸치 상태를 확인할 수 있어서 편리해요. 멸치가 깨끗하고 살이 뭉그러지지 않은 것으로 고르세요.

트뤼프 퓌레
트뤼프(송로버섯)는 구하기도 어렵고 고가여서 부담스러워요. 그래서 가공 트뤼프를 쓰곤 하는데, 트뤼프 오일은 향만 가미한 것이라 트뤼프 퓌레나 소금을 추천해요. 파스타에 퓌레를 한 스푼 넣으면 향이 그윽해지죠. 빵에 발라 먹기도 좋고요.

햄
수많은 프로슈토가 있지만 파르마(Parma) 제품을 골라 씁니다. 질도 맛도 최고거든요. 모르타델라는 돼지고기 목살로 만든 햄으로, 라구소스에도 넣고 샌드위치에도 써요. 생햄인 프로슈토가 부담스러울 때 모르타델라를 쓰면 무난해요.

샬롯
샬롯은 양파보다 비싸고 흔치 않아 잘 쓰지 않는데, 생양파를 써야 할 때나 좋은 소스를 만들 때는 챙겨 써요. 은근한 향이 매력적이에요.

버터너트스쿼시
버터너트스쿼시로 처음 요리를 했을 때 '이렇게 맛있을 수가!' 하고 감탄했어요. 진하고 고소하면서 호두 향도 느낄 수 있는 재료예요. 굽기만 해도, 퓌레를 만들어도 맛있어요.

포르치니 버섯
가을철 이탈리아 키안티 지역에 가면 흔히 볼 수 있는 버섯이에요. 향이 강해 조금만 사용해도 요리의 풍미가 살아나 파스타나 리조또를 만들 때 애용해요.

Italian Sauce

우리 입맛에 맞는 레시피로
토마토소스

홀 토마토를 끓여 만든 기본 토마토소스예요. 여기에 바질을 넣으면 바질토마토파스타, 새우를 넣으면 새우토마토파스타가 돼요. 이탈리아 사람들은 신맛을 좋아해 양파를 넣지 않은 토마토소스도 즐기는데, 우리 입맛에는 양파를 넣은 것이 잘 맞아요. 홀 토마토(라피아만테, p.11 참조)도 신맛이 덜한 제품을 써요.

재료
다진 양파 1/2컵, 홀 토마토 500ml, 월계수잎 1장, 올리브유 적당량

만들기
1 토마토는 꼭지를 떼고 으깨요.
2 냄비에 올리브유를 두르고 다진 양파를 볶아요.
3 양파가 숨이 죽으면 홀 토마토와 월계수잎을 넣고 뚜껑을 덮은 후 뭉근해질 때까지 30분 정도 졸여요.
4 밀폐 용기에 담아 냉장 보관해요.

돼지고기를 섞어서 라구소스

라구소스를 쇠고기로만 만들기도 하는데, 돼지고기와 모르타델라 햄을 넣어 만들면 맛이 더 풍부하고 부드러워요. 모르타델라 대신 베이컨을 넣어도 돼요. 베이컨을 쓸 때는 식은 후 기름기를 걷어내는 것이 좋아요.

재료
다진 돼지고기 400g,
다진 쇠고기 200g,
모르타델라 4장(또는 베이컨 2줄),
양파 1/2개, 당근 1/2개, 셀러리 2줄기, 토마토 페이스트 1큰술,
홀 토마토 3컵, 레드 와인 1/2컵,
월계수잎 1장, 올리브유 적당량

만들기
1 당근, 양파, 셀러리, 모르타델라는 다져요.
2 냄비에 올리브유를 두르고 당근, 양파, 셀러리를 볶아요.
3 고기와 모르타델라를 넣고 레드 와인을 부은 후 강불에서 알코올을 날려요.
4 ③에 토마토 페이스트를 넣고 중불로 볶아요.
5 홀 토마토와 월계수잎을 넣은 후 뚜껑을 덮고 약불에 3시간 정도 뭉근히 끓여요.

제노바식 레시피로 바질페스토

바질페스토 레시피도 다양해요. 이 레시피는 바질이 많이 생산되는 제노바의 바질페스토예요. 할머니의 할머니 때부터 내려오는 정통 조리법이지요. 마늘, 잣의 맛이 도드라지지 않으면서 바질 향이 그윽한 것이 특징이에요.

재료
바질잎 80g, 마늘 1쪽, 잣 60g, 파르메산치즈 1컵, 올리브유 140ml, 레몬 1/4개, 올리브유·소금·후춧가루 약간씩

만들기
1 바질잎은 씻어서 물기를 제거해요. 푸드 프로세서에 레몬을 뺀 나머지 재료를 모두 넣고 한꺼번에 갈아요.
2 마지막에 레몬즙을 짜 넣어요.
3 바질페스토를 밀폐 용기에 담은 후 올리브유를 조금 부어 막을 만들어요. 공기가 닿지 않아 갈변 현상을 막고 오래 두고 먹을 수 있어요.

기본 레시피를 추천
베샤멜소스

베샤멜소스 레시피도 다양한데, 요리와 소스의 베이스로 이용하는 경우가 많아 저는 기본 레시피를 선호해요. 이탈리아 할머니들에게 전해온 레시피예요. 베샤멜소스만으로 음식을 만들 때는 생크림을 첨가하거나 버터 양을 늘리기도 해요. 베샤멜소스에는 생각보다 소금이 많이 들어가는데, 소금을 넣는 순간 마술처럼 소스가 맛있어진답니다.

재료
밀가루·버터 60g씩, 우유 1L,
소금 1큰술, 너트메그 약간

만들기
1 팬에 버터를 녹인 후 밀가루를 넣고 볶아 루(roux)를 만들어요.
2 따뜻하게 데운 우유를 세 번에 나눠 넣으며 중불에서 끓이다가 끓어오르기 시작하면 약불로 줄여 20분간 더 끓여요. 이때 소스가 눋지 않도록 주걱으로 계속 저어요.
3 소금과 너트메그를 넣어 완성해요.

치킨 스톡 대신
닭 육수

닭 육수를 내서 이탈리아 요리를 하면 깊은 맛이 나요. 된장찌개를 맹물로 끓일 때와 멸치, 다시마 등으로 맛국물을 내서 끓일 때 맛이 다른 것처럼요. 쿠킹 클래스를 할 때 닭 육수를 소개하면 간혹 치킨 스톡을 대신 쓰면 안 되냐고 물어요. 집에서 만드는 음식의 장점은 건강함에 있잖아요. 그래서 화학첨가물을 넣은 치킨 스톡보다는 맹물에 좋은 올리브유와 소금을 넣어 쓰라고 조언하죠. 닭 육수는 만들기 어렵지 않아요. 수고에 비하면 맛이 월등히 좋죠. 냉장 보관하면 일주일, 냉동하면 더 오래가요. 닭을 넣고 30분쯤 끓었을 때 가슴살과 다릿살은 미리 건져 샐러드 등에 써도 좋아요.

재료
닭 한 마리(토막 낸 것), 양파 1개, 당근 1/2개, 셀러리 3줄기,
부케 가르니(월계수잎, 이탈리언 파슬리, 타임 등), 물 2.5L

만들기
1 닭은 기름을 떼고 흐르는 물에 씻은 후 뜨거운 물을 부어 남은 기름기를 빼요.
2 허브 잎을 모아 명주실로 묶어 부케 가르니를 만들어요.
3 큰 냄비에 물, 당근, 양파, 셀러리를 넣고 팔팔 끓으면 닭과 부케 가르니를 넣어요.
4 뚜껑을 덮지 않고 30분 정도 팔팔 끓인 후 불을 줄여 20분 정도 더 끓이면서 거품을 걷어요.
5 불을 끄고 30분 정도 식힌 후 체에 걸러 육수만 병에 담아 냉장 보관해요. 단, 리조또를 만들 때는 뜨거운 육수를 써야 하니 데워 쓰세요.

두루 쓰이는 맛국물
채수

닭 육수를 쓰지 않는 요리에는 채수를 써요. 한식에 멸치육수를 쓰듯이 이탈리아 음식에 두루 쓰는 맛국물입니다.

재료
양파 1개, 당근 1/2개, 셀러리 3줄기,
부케 가르니(월계수잎, 이탈리언 파슬리, 타임 등), 물 2L

만들기
1 큰 냄비에 당근, 양파, 셀러리, 물을 넣고 팔팔 끓으면 부케 가르니를 넣은 후 약불에 20분 정도 더 끓여요.
2 식힌 후 체에 걸러 육수만 병에 담아 냉장 보관해요.

Tools

제면기
잘 쓰지 않을 것 같아 구입을 망설이는 사람이 많은데, 제면기가 있으면 생면을 쉽게 뽑을 수 있고, 만두나 칼국수는 물론 베이킹을 할 때도 유용해요. 이탈리아 제품을 추천합니다.

핸드 믹서
핸드 믹서는 요즘 가격이 많이 내려 2만 원대 제품도 훌륭해요. 핸드 믹서가 있으면 쿠키나 케이크를 만들기 좋아요. 머랭 칠 때도 편리하고요.

스테인리스 팬
이탈리아 파스타를 만들 때 꼭 필요해요. 코팅 팬으로는 소스의 깊은 맛을 내기 힘들거든요. 채소나 고기를 볶은 후 팬에 눌어붙은 것을 긁어내어 소스 만들 때 넣으면 깊은 맛이 나 서양 요리에는 꼭 필요합니다. 고기 요리도 스테인리스 팬에 만들어야 더 맛있어요.

치즈 그레이터
그레이터로 치즈를 눈처럼 곱게 갈아 요리에 뿌리면 맛이 풍부해지고 보기에도 좋아요.

제스터
레몬 껍질이나 단단한 치즈, 초콜릿을 긁을 때 유용해요. 제스터로 긁어 음식 위에 솔솔 뿌리면 눈 내린 듯 먹음직스러워 보여요.

실리콘 브러시
라비올리나 빵을 만들 때 달걀물이나 오일 등을 바르기 좋아요.

스패츌러
소스나 생크림 등을 남김 없이 다른 그릇에 옮길 수 있어요. 볶음 요리를 할 때 이용해도 좋고요. 크기별로 있으면 편리해요.

Fresh Pasta Recipe

생면 파스타 만들기

생면 파스타는 만들기 어렵다고 생각하는데, 해보면 복잡하지 않아요. 밀가루와 달걀만 있으면 만들 수 있고, 수고에 비하면 맛이 최고지요. 어린 시절 할머니나 엄마가 밀가루 반죽을 밀어 만들어주신 쫄깃하고 부드러운 칼국수의 맛, 생면 파스타도 그렇답니다. 이탈리아 사람들은 대부분 생면 파스타를 먹어요. 반죽을 한 후 제면 방법에 따라 다양한 면을 만들 수 있어요. 밀가루에 따라 생면의 맛이 달라지는데, 이탈리아 밀가루로 생면을 만들 때는 밀가루 100g당 달걀 1개를 넣으면 돼요. 우리나라 밀가루는 중력분과 강력분을 섞고, 달걀 양을 늘렸을 때 현지의 맛과 가장 비슷해져요.

반죽하기

재료
이탈리아 밀가루 400g, 달걀 4개

*이탈리아 밀가루를 쓰지 않을 때는 강력분 300g, 중력분 100g, 달걀 2개, 달걀노른자 5개, 우유 1/2큰술로 반죽하세요.

1 밀가루를 산처럼 쌓고 가운데를 판 후 달걀을 넣어요.
2 포크로 달걀을 풀면서 옆에 쌓인 밀가루를 조금씩 섞어요.
3 밀가루가 무너지지 않도록 바깥쪽을 손으로 막아가며 반죽해요.
4 밀가루와 달걀을 모두 섞으면 손으로 반죽해 둥근 모양을 잡아요.
5 ④의 반죽은 랩으로 감싸 실온에서 1시간 숙성한 후 파스타 면을 만들어요.

생면 밀기

1 판에 밀가루를 뿌리고 숙성된 반죽을 올려
  손으로 납작하게 눌러요.
2 방향을 바꿔가며 1mm 두께로 얇고 둥근 모양이
  되도록 밀대로 밀어요.

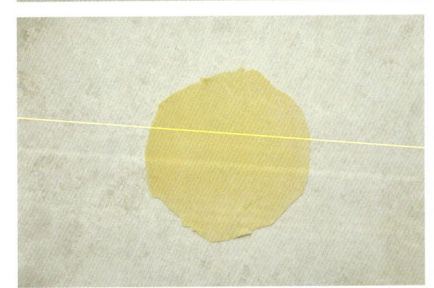

제면하기

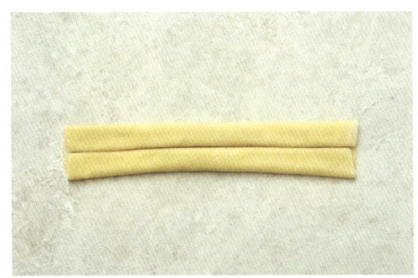

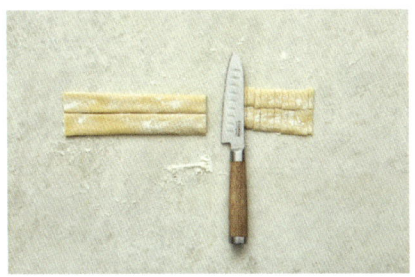

칼국수 면 같은, 탈리아텔레
1 밀대로 민 밀가루 피를 양끝에서 4분의 1씩 말아 접어요.
2 칼로 3mm 간격으로 썰어요.
3 면 사이로 칼을 집어넣어 펼친 후 털어요.

가르가넬리
1 밀가루 피를 가로세로 3cm 크기의 정사각형으로 썰어 파스타 보드 위에 올려요.
2 나무 봉으로 면을 감아서 눌러 민 후 봉을 빼요.

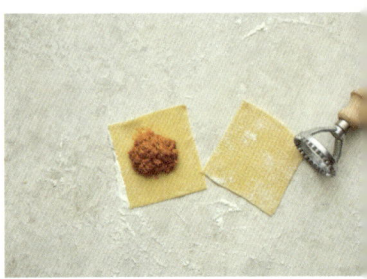

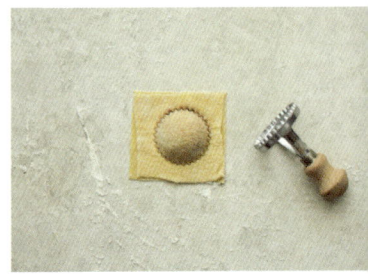

오픈 파스타, 칸넬로니
1 밀가루 피를 가로세로 10cm 크기의 정사각형으로 썰어요.
2 피 위에 소(p.140 참조)를 올린 후 돌돌 말아요.

찍어 만든 만두, 라비올리
1 밀가루 피를 가로세로 3cm 크기의 정사각형으로 썰어요.
2 가운데에 소를 놓고 다른 피로 덮은 후 가장자리를 꾹꾹 눌러요.
3 라비올리 스탬프로 찍어서 모양을 내요.

물만두와 비슷한, 토르텔리니
1 밀가루 피를 가로세로 3cm 크기의 정사각형으로 썰어요.
2 짜주머니에 소를 넣고 피 위에 조금씩 짜서 올려요.
3 삼각형으로 접어 가장자리를 꾹 눌러 붙인 후 끝을 모아 만두 모양으로 만들어요.

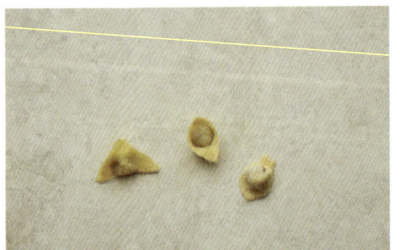

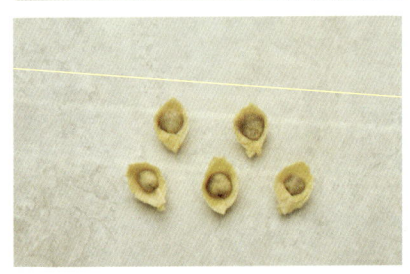

생면 만드는 도구

라비올리 스탬프

롤러 커터

파스타 보드

봉

밀대

PART 1

**파올라 아주머니의
부엌에서**

온동네에서 요리 선생님으로 통하는
베테랑의 음식

성악을 공부하던 저는 파올라 아주머니 음식 덕분에 요리의
길로 들어섰어요. 로마의 국립음악원을 졸업하고 성악 선생님이
계시는 페라라(Ferrara)로 이사를 갔는데, 부유한 동네라서
시내에 집을 구할 수 없었지요. 그래서 도심에서 15km
떨어진 사비온첼로(Sabbioncello)에 살게 되었어요. 그곳이
바로 구엘포, 파올라 부부의 집이에요. 커다란 과수원이 딸린
저택으로, 주인아주머니는 동네에서도 음식 솜씨 좋기로 소문이
자자해 주요 행사 때마다 요리를 담당했고, 주말에는
집 안에 늘 사람이 북적였죠.
이사 후 처음 맞은 크리스마스이브, 그때 먹었던 음식 맛이
아직도 생생합니다. 촉촉한 살라미, 입에서 살살 녹는 소혀찜,
쨍하게 상큼한 레몬케이크 등 그중에서도 뜨끈한 국물의
토르텔리니가 환상이었죠. 제가 그간 맛보지 못한 음식이었어요.
로마에 사는 동안에는 주로 맥도날드에서 외식을 하거나, 어쩌다
돈이 생기면 중국요리를 먹으러 가는 정도였어요. 하숙집에서는
그저 푸근한 홈메이드 요리를 먹었고요.
집에서도 만두 빚는 거 하나만큼은 자신 있던 저는 그날
이후 파올라 아주머니의 토르텔리니 전담 조수가 되었어요.
아주머니는 요리도 잘했지만 만드는 동안 이 요리는 누구에게
배웠는지, 어떤 추억이 있는지, 누구와 먹으면 좋겠다든지 등
따뜻한 이야기를 들려주었어요. 음악원을 졸업해 일주일에 두 번
레슨하러 가는 게 전부이던 제게 파올라 아주머니의 부엌은
놀이터이자 가족에 대한 그리움을 달래주는 안식처였어요.
그렇게 이탈리아 요리가 제 인생에 들어왔답니다. 파올라
아주머니 이야기를 하려면 책 한 권을 다시 써야 할지 몰라요.
사랑 가득한 아주머니의 레시피를 나눠드려요.

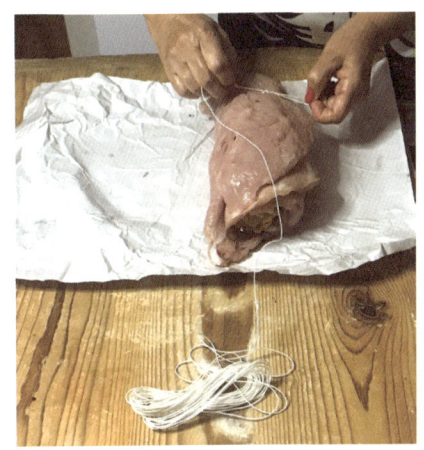

Pomodorini Agrodolci

Cipolla Agrodolce

basic level

side dish

방울토마토 피클

방울토마토는 둥근 모양이 살도록 살짝 데쳐 피클을 만들어요. 일반 식초대신 자연 발효 식초를 쓰면 더 맛있어요. 저는 환만식초를 써요.

재료
방울토마토 750g
물 1L
비정제 설탕 500g
식초 500ml
소금 20g
정향 2개
월계수잎 3장

준비
방울토마토 끓는 물에 넣어 껍질이 살짝 터지면 건져 찬물에 담가 껍질을 벗기고 꼭지를 딴다. 밀폐 용기에 담는다.

쿠킹
1 냄비에 물을 넣고 끓으면 소금, 설탕, 식초를 넣고 팔팔 끓인다.
2 월계수잎과 정향을 넣고 중불에 30분간 더 끓인다.
3 ②의 피클 물이 3분의 2로 줄면 불을 끄고 미지근하게 식힌다.
4 방울토마토를 담은 밀폐 용기에 ③을 붓고 냉장 보관한다. 3일 후에 먹는다.

양파초절임

양파는 어느 나라에서나 많이 쓰는 식재료예요. 이탈리아에서는 양파를 발사믹 식초에 절여 빵에 얹어 먹거나 파스타, 리조또에 반찬으로 곁들이기도 해요.

재료
양파(작은 것) 6~7개
발사믹 식초 50ml
꿀 80ml
소금 약간

준비
양파 껍질을 벗긴 후 씻는다. 큰 양파는 반으로 자른다.

쿠킹
1 팬에 꿀과 양파를 넣고 끓이다 재료가 바글바글 끓어오르면 불을 줄인다.
2 ①에 발사믹 식초를 붓고 뚜껑을 덮은 후 약불에 10분간 졸인다.
3 ②에 소금을 넣고 약불에 10분간 더 졸인 후 식힌다.
4 밀폐 용기에 담아 냉장 보관한다. 3~4일 후에 먹는다.

HARRY'S TIP 양파는 작은 것을 골라야 통째로 쓸 수 있어 모양이 예뻐요. 물기 없는 양파초절임을 만들려면 뚜껑을 연 채 조리하면 돼요. 이때는 눋지 않도록 팬을 자주 돌리거나 주걱으로 저어야 해요.

Carota al Latte

basic level

side dish

크림당근

어느 해 가을 페라라 여행 중 일행이 가장 맛있다고 손꼽은 음식은
뜻밖에도 크림당근이었어요. 돼지고기 안심 요리에 곁들여 나왔는데,
당근의 단맛과 부드러운 생크림의 조화가 일품이었죠.
파올라 아주머니에게 이 소식을 전하자 레시피를 알려주셨어요.
어머니에게 배운 레시피라고 해요.

재료
샬롯(또는 적양파) 1개
당근 1개
생크림 200ml
우유 120ml
파르메산치즈 40g
타임·올리브유 약간씩
소금·후춧가루 약간씩

준비
샬롯 다진다.
당근 껍질을 벗기고 씻어 1cm 두께로 도톰하고 동그랗게 썬다.
타임 잎을 딴다.

쿠킹
1 달군 냄비에 올리브유를 두르고 샬롯을 살짝 볶다가 당근을 넣어 볶는다.
2 생크림과 우유를 붓고 소금, 후춧가루로 간한 후 뚜껑을 덮고 약불에
   10분간 졸인다.
3 당근을 주걱으로 뒤적거린 후 타임을 넣고 뚜껑을 연 채 살짝 졸인다.
4 오븐 팬에 담고 파르메산치즈를 갈아 뿌려 180℃로 예열한 오븐에서
   8분간 구워 낸다.

HARRY'S TIP 오븐에서 굽는 과정을 생략하려면 우유량을 조금 줄이면 돼요.
생크림 200ml에 우유 40ml를 넣고, 파르메산치즈를 뿌린 후 뚜껑을
덮고 약불에 두세요. 오븐에 구운 것처럼 치즈가 노릇해지지는 않지만
부드럽게 녹아 맛있어요.

Peperone alla Griglia

basic level

side dish

숯처럼 태워서
피망직화구이

날씨가 좋은 주말이면 파올라 아주머니 집 앞마당에서 바비큐를 즐기곤 했어요. 어느 날 피망이 숯불 속에서 까맣게 탄 것을 보고 불에 떨어뜨린 줄 알고 얼른 집어드렸더니 요리 방법이라고 설명해주셨어요. 가스레인지나 토치로 피망 표면을 새까맣게 태운 후 탄 부분을 벗겨내는 요리법이에요. 까맣게 탄 피망을 보고 저처럼 깜짝 놀라는 분이 많은데, 맛을 보면 또 한번 놀란답니다. 껍질을 태운 후 벗기면 속살이 더 달콤하고 부드러워져 피망을 사랑하지 않을 수 없게 되죠.

재료
홍피망 1개
올리브유 1큰술

준비
<u>피망</u> 씻어 물기를 닦는다.

쿠킹
1 피망을 집게로 잡고 토치나 가스불로 빨간색이 보이지 않을 만큼 앞뒤로 돌려가며 새까맣게 태운다.
2 ①을 비닐봉지에 넣고 공기가 새지 않도록 봉지 끝을 묶는다.
3 30분간 그대로 두었다 비닐봉지에서 꺼내 흐르는 물에 새까맣게 탄 부분을 벗긴다.
4 길쭉하게 썰어 올리브유를 뿌려 낸다.

HARRY'S TIP 구운 피망을 비닐봉지에 넣는 이유는 잔열로 더 익히려는 거예요. 그래서 비닐봉지에 구멍이 있거나 덜 묶어 공기가 새면 안 되지요.

Zuppa di Cavolfiore

middle level

appetizer

홍합 올린
컬리플라워수프

컬리플라워를 보면 새하얀 웨딩드레스가 생각나요. 컬리플라워로 만든 모든 요리가 고급스럽고 맛있는데 그중에서도 수프가 단연 최고예요. 컬리플라워수프를 먹으면서 파올라 아주머니에게 "색깔이 조금 심심해 보여요"라고 하자 유리병에 보관해둔 말린 홍합을 버터에 살짝 구워 수프 위에 올리고는 "이러면 재미있어지지"라며 즐거워하셨죠. 컬리플라워수프의 부드러움과 홍합의 짭짤한 맛이 의외로 잘 어울려요.

재료
컬리플라워퓌레 4큰술
생크림 8큰술
말린 홍합 3개
버터 10g
소금·후춧가루 약간씩

컬리플라워퓌레(4인분)
컬리플라워 1/2개(300g)
마늘 4쪽
채수(p.18 참조) 3컵
올리브유 1큰술

준비
컬리플라워 송이 부분만 떼어내 큰 것은 반으로 자른다.
마늘 편으로 썬다.

쿠킹
1 팬에 올리브유를 두른 후 마늘을 넣고 노르스름하게 볶는다.
2 ①에 컬리플라워를 넣고 볶는다.
3 채수를 붓고 뚜껑을 덮은 후 약불에 20분간 끓인다.
4 ③의 양이 반으로 줄면 믹서에 곱게 갈아 컬리플라워퓌레를 완성한다.
5 작은 냄비에 컬리플라워퓌레와 생크림을 넣고 중불에 10분간 끓여 걸쭉하게 만든다.
6 소금, 후춧가루로 간하고 약불에 5분 정도 더 끓여 뭉근해지면 그릇에 담는다.
7 버터 두른 팬에 홍합 살을 앞뒤로 구워 얹어 낸다.

Tortellini in Brodo

이탈리아의 만둣국
토르텔리니

가족이 모이는 주말이면 우리 어머니들이 만두를 빚듯
파올라 아주머니는 토르텔리니를 만들곤 했어요. 홈메이드 만둣국의
푸근함, 이 토르텔리니는 파올라 아주머니 사랑이 가득 담긴
레시피입니다.

재료
생면(가로세로3cm, p.22 참조) 24개
굵은소금(면수용) 30g
물 3L
쇠고기(우둔)·돼지고기(등심) 70g씩
모르타델라·프로슈토 80g씩
파르메산치즈 140g
달걀노른자 1개
너트메그 약간
소금·후춧가루 약간씩
파르메산치즈 가루(토핑용)
닭 육수(p.18 참조) 600ml

준비
<u>모르타델라, 프로슈토</u> 가로세로 3cm 크기로 썬다.
<u>쇠고기, 돼지고기</u> 잘게 다진다.

쿠킹
1 푸드 프로세서에 고기와 햄을 모두 넣고 간다.
2 ①에 파르메산치즈, 달걀노른자, 후춧가루, 너트메그를 넣고 푸드
  프로세서를 다시 한번 돌린 후 소금으로 간한다.
3 생면 반죽을 얇게 밀어 가로세로 3cm 크기의 정사각형으로 썬다.
4 ②의 소를 짜주머니에 넣고 ③ 위에 조금씩 짜서 올린 다음
  세모 모양으로 접는다. 양끝 모서리를 모아 붙여 만두 모양을 만든다.
5 끓는 물에 굵은소금을 넣고 토르텔리니를 삶다가 동동 떠오르면 건진다.
6 닭 육수를 팔팔 끓여 소금으로 간한 후 ⑤를 넣고 1분 정도 더 끓인 다음
  육수와 함께 그릇에 담는다.
7 후춧가루와 파르메산치즈를 뿌려 낸다.

Garganelli con Zucchine e Tuorlo

high level

pasta

주키니까르보나라 가르가넬리

페라라에서 30분 거리에 볼로냐가 있어요. 세계에서 가장 오래된 볼로냐 대학교로 유명한 이 도시는 유럽 각지 유학생이 모이는 곳이어서 캐주얼한 외국 식당이 많았지요. 저는 가르가넬리를 볼로냐에서 처음 맛보았는데 그날 이후 쇼트 파스타를 좋아하게 되었어요. 가르가넬리는 음식 솜씨가 없는 사람도 예쁘게 만들 수 있는 매력적인 파스타랍니다.

재료
가르가넬리 생면(p.23 참조) 400g
굵은소금(면수용) 30g
물 3L
주키니 30g
달걀 5개
달걀노른자 2개
파르메산치즈 50g
다진 양파 2큰술
마늘 2쪽
화이트 와인 20ml
올리브유 1큰술
생크림 2큰술
페페론치노 2개
이탤리언 파슬리 약간
커민(또는 강황 가루) 약간
소금·후춧가루 약간씩

준비
<u>주키니</u> 가늘고 길게 채 썬다.
<u>마늘</u> 다진다.
<u>이탤리언 파슬리</u> 잎만 따서 다진다.

쿠킹
1 달군 팬에 올리브유를 두른 후 마늘, 양파를 넣고 갈색이 나도록 볶는다.
2 끓는 물에 굵은소금을 넣고 면을 삶는다.
3 ①에 주키니를 넣고 볶다가 화이트 와인을 넣은 다음 알코올을 날린다. 페페론치노와 면수를 조금 넣고 뚜껑을 덮은 후 약불에 10분 정도 끓인다.
4 볼에 달걀을 풀고 소금, 후춧가루로 간한 후 이탤리언 파슬리와 파르메산치즈, 커민, 생크림을 넣고 잘 섞는다. 이때 토핑용 이탤리언 파슬리와 파르메산치즈를 조금 남긴다.
5 ②의 면이 떠오르면 건져 ③에 넣고 ④를 부어가며 젓다가 불을 끄고 크림화될 때까지 젓는다.
6 그릇에 담아 이탤리언 파슬리와 파르메산치즈를 뿌려 낸다.

Lasagna

high level

pasta

정통 레시피대로
생면 라자냐

쿠킹 클래스를 할 때 "무슨 파스타를 좋아하세요"라는 질문을 가장 많이 받아요. 저의 대답은 늘 "라자냐"입니다. 3시간 동안 라구소스 끓이고 베샤멜소스 만들고 생면을 민다고 하면 깜짝 놀라는데 라자냐는 한 번에 12인분 정도 만들 수 있고, 냉동 보관이 가능하니 해볼 만해요.
이 라자냐는 파올라 아주머니의 정통 레시피랍니다.

재료(4인분)
라자냐 생면(p.22 참조) 200g
라구소스(p.15 참조) 400g
베샤멜소스(p.17 참조) 500g
파르메산치즈 2큰술

쿠킹
1 생면 반죽을 밀어 가로세로 10cm 크기의 정사각형으로 썬다. 크기는 오븐 그릇에 맞춰 조정한다.
2 오븐 그릇에 라구소스를 바른 다음 라자냐 생면→라구소스→베샤멜소스 순서로 반복해 올린 후 맨 위에 파르메산치즈를 뿌린다.
3 180℃로 예열한 오븐에 25분 정도 구워 윗면이 노릇해지면 꺼낸다. 그대로 내도 되고, 그릇에 담아 낼 때는 10분 정도 식힌 후 잘라야 단면이 깔끔하다.

HARRY'S TIP
라자냐 생면은 건면과 달리 삶지 않고 바로 요리할 수 있어요.
라자냐 면은 라구소스와 베샤멜소스를 준비한 후 자르세요.
미리 잘라두면 수분이 날아간답니다.

Capellaci alla Zucca

high level

pasta

페라라의 전통 음식
단호박카펠라치

단호박카펠라치는 페라라 지방의 전통 메뉴예요. 주말이나 마을 행사가 있을 때면 동네 사람들이 파올라 아주머니 댁에 모여 만두 모양의 카펠라치를 만들어 먹곤 했지요.

재료
생면(가로 세로5cm, p.22 참조) 14개
굵은소금(면수용) 30g
물 3L
단호박 300g
마늘 6쪽
방울토마토 8개
파르메산치즈 1컵
올리브유 1큰술
토마토소스(p.14 참조) 1컵
바질잎 4장
소금·후춧가루 약간씩

준비
<u>단호박</u> 껍질을 벗기고 큼직하게 썬다.
<u>마늘</u> 편으로 썬다.
<u>방울토마토</u> 씻어서 꼭지를 딴다.
<u>바질잎</u> 채 썬다.

쿠킹
1 단호박과 마늘을 오븐 그릇에 넣고 올리브유를 두른 후 180℃로 예열한 오븐에 20분간 굽는다.
2 볼에 ①을 넣고 포크로 으깬 후 소금, 후춧가루로 간하고 이탤리언 파슬리, 파르메산치즈를 넣은 다음 잘 버무려 소를 만든다. 이때 토핑용 이탤리언 파슬리를 조금 남긴다.
3 생면 반죽을 얇게 밀어 가로세로 5cm 크기의 정사각형으로 썬다.
4 가운데에 ②의 소를 놓고 반으로 접은 후 만두 만들듯이 양끝을 모아 카펠라치를 만든다.
5 끓는 물에 굵은소금을 넣고 카펠라치를 삶다가 동동 떠오르면 1분 정도 더 끓인 후 건진다.
6 팬에 토마토소스와 방울토마토를 넣고 조린 후 바질잎을 넣는다.
7 ⑥에 ⑤를 넣어 소스가 어우러지도록 섞은 후 그릇에 담아낸다.

Torta al Cioccolato Senza Farina

밀가루 없이 초코케이크

밀가루 없이 달걀의 힘으로 완성한 초코케이크예요. 만들어보면 "베이킹이 이렇게 쉽다니"라는 감탄이 절로 나와요. 파올라 아주머니의 레시피에 생크림을 넣어 부드럽게 변형했어요. 이 케이크는 달지 않으면서 진한 초콜릿 맛이 일품이지요.

재료
다크 초콜릿 커버처(75% 이상) 120g
버터 120g
코코아 가루 70g
설탕 130g
달걀 5개
생크림 120ml
베이킹파우더 1작은술

준비
초콜릿 잘게 부순다.
달걀 노른자와 흰자를 분리한다.
설탕 65g씩 나눈다.
생크림 40℃ 정도로 데운다.
코코아 가루, 베이킹파우더 체에 내린다.

쿠킹
1 버터와 초콜릿을 중탕으로 녹인 후 생크림을 넣는다.
2 볼에 달걀노른자를 넣고 휘핑하면서 설탕 65g을 두 번에 나눠 넣으며 크림화할 때까지 젓는다.
3 다른 볼에 달걀흰자를 넣고 휘핑하면서 설탕 65g을 조금씩 넣으며 저어 단단한 거품을 만든다.
4 ②에 코코아 가루와 베이킹파우더를 넣고 섞어 되직하게 만든다.
5 ③의 거품을 ④에 나눠 넣으며 섞는다.
6 오븐 그릇의 바닥과 옆면까지 유산지를 깔고 ⑤의 반죽을 부은 후 바닥에 탁탁 쳐 기포를 뺀다.
7 170℃로 예열한 오븐에 30분간 굽는다. 오븐 그릇을 흔들어 가운데가 출렁이지 않는다면 꺼내고, 출렁인다면 5~10분간 더 구워 낸다.

basic level

dessert

HARRY'S TIP
레시피대로 만들면 가운데가 덜 익은 것처럼 보이는데 괜찮습니다. 밀가루를 넣지 않았기 때문에 덜 익었을까 걱정하지 않아도 돼요.

Torta alla Carota

basic level

dessert

영화 속 당근케이크

유학 시절, 유럽 영화에 나온 당근케이크가 궁금해 파올라 아주머니에게 만들어달라고 했어요. 당근케이크를 입에 넣었는데, 그 맛이 참 신기했어요. 달지 않으면서 맛있고 든든한 당근케이크!

재료
당근 200g
호두 2큰술
달걀 4개
박력분 260g
황설탕 200g
시나몬 가루 10g
베이킹파우더 8g
카놀라유 200ml
버터 약간
소금 약간

크림치즈프로스팅
버터 80g
크림치즈 320g
슈거 파우더 60g
바닐라 에센스 약간

준비
<u>당근</u> 곱게 채 썰거나 강판에 간다.
<u>호두</u> 도마에 종이타월을 깔고 대강 다진다.
<u>박력분, 베이킹파우더, 소금, 시나몬 가루</u> 섞어서 체에 내린다.

쿠킹
1 볼에 달걀과 설탕을 넣고 섞은 후 카놀라유를 조금씩 넣으며 거품기로 섞는다. 핸드 믹서를 사용해도 된다.
2 ①에 섞어둔 가루와 당근, 호두를 넣고 반죽한다.
3 케이크 틀에 버터를 바르고 밀가루를 묻혔다가 털어낸 후 ②를 담아 180℃로 예열한 오븐에 40분간 굽는다.
4 볼에 크림치즈프로스팅 재료를 모두 넣고 핸드 믹서로 섞는다.
5 ③의 케이크 위에 ④를 짜주머니로 얹어 모양을 내거나 스패출러로 펴 발라 낸다.

HARRY'S TIP 크림치즈프로스팅 없이 먹거나, 슈거 파우더만 살짝 뿌려 먹어도 돼요.

Limoncello

basic level

dessert

소화 돕는 식후주
리몬첼로

이탈리아 아말피 해변에 가면 상점마다 레몬 음료, 레몬 비누, 레몬 그림이 있는 도자기 등 온 천지가 레몬으로 가득해요. 리몬첼로도 식당과 기념품 숍에서 만날 수 있죠. 이탈리아 사람들은 식사 후 리몬첼로를 챙겨 마셔요. 소화에 도움을 주고 레몬 향이 짙어 저처럼 술 냄새를 싫어하는 사람도 즐길 수 있어요.

재료
레몬 5개
순수 알코올 담금주(35도 이상) 500ml
설탕 600g
물 750ml

준비
레몬 소금으로 문질러 씻은 다음 물기를 닦는다. 필러로 노란 껍질 부분만 벗긴다.

쿠킹
1 소독한 병에 레몬 껍질을 넣고 담금주를 부어 어두운 실내에 30일간 둔다.
2 냄비에 설탕과 물을 넣고 팔팔 끓인 후 완전히 식힌다.
3 ①을 체에 거르고 ②의 시럽을 섞은 후 다시 한번 체에 거른다. 병에 담아 냉장 보관한다.

HARRY'S TIP 이탈리아 리몬첼로는 불이 붙을 정도의 술로 담가 도수가 더 높아요. 우리가 마트에서 쉽게 구할 수 있는 담금주는 보통 35도로 도수가 높지 않아 부드러운 리몬첼로를 만들 수 있어요.

Sorbetto al Limóne

middle level

dessert

군침 도는 새콤함
레몬소르벳또

이탈리아 식당에서 친절하지만 조금 느끼한 매니저를 만나면 십중팔구 식사 후 레몬소르벳또를 들고 나온답니다. 그가 주는 최고의 선물이죠. 레스토랑마다 만드는 방법이 달라 알코올 맛이 나기도 하고, 레몬 맛이 강하기도 해요.

재료
설탕 950g
물 2L
레몬즙 500ml
달걀흰자 14개 분량
오렌지 주스 750ml

준비
레몬즙, 오렌지 주스 섞는다.

쿠킹
1 핸드 믹서로 달걀흰자를 휘핑해 단단한 거품을 만든다.
2 냄비에 물과 설탕을 넣고 양이 20% 정도로 줄 때까지 중불에 30분간 끓인다.
3 큰 볼에 얼음을 담고 그 위에 ②의 시럽을 담은 그릇을 놓아 아이싱한다.
4 ①의 거품과 ③, 레몬즙을 믹서에 넣고 1분 정도 섞는다.
5 그릇에 담아 냉동실에 넣고, 2시간마다 한 번씩 스쿱으로 잘 섞는다.

HARRY'S TIP 달걀흰자를 분리하고 남은 노른자는 티라미수나 생면 파스타를 만들 때 사용하세요.

PART 2

**푸근하고 정 넘치는
이탈리아 할머니 레시피**

하숙집 할머니, 기숙사 수녀님, 친구들의 어머니 음식

처음 로마에 갔을 때 수녀님들이 운영하는 기숙사에 살았어요. 한국 사람이 없는 곳이어야 언어를 빨리 배운다는 아버지의 권유 때문이었지요. 당시 저는 누구라도 잡고 하루빨리 이탈리아어를 배워야 했는데, 기숙사 수녀님들이 모두 바쁘신 거예요. 그나마 음식을 맡고 계시던 카르멜라 수녀님은 주로 주방에 머무시니 쫓아 다닐 수 있었지요. 틈만 나면 수녀님 뒤를 졸졸 따라 다니는 저에게 수녀님은 식재료 이름을 하나하나 알려주셨어요. 저는 이탈리아어 공부를 채소, 과일, 고기 이름으로 시작했답니다.
수녀님은 참새처럼 밝고, 정 많은 분이셨어요. 제 통통한 볼을 보고 치폴리나(양파처럼 작고 귀엽게 생겼다는 말)라는 애칭을 붙여주시면서 치폴라(cipólla)처럼 늘 새롭고 매력적인 사람이 되라고 하셨어요. 아침을 조금 먹는 것 같으면 바로 오셔서 입맛이 없는지 묻기도 하셨고, 눈만 마주치면 제 입에 뭔가를 넣어주셨어요. 기숙사 주방에서 갓 구운 빵과 바로 볶은 시금치를 맛보는 행복을 누릴 수 있었기에 유학 초기 김치 없이 잘 버틸 수 있었던 것 같아요. 수녀님 덕분에 한국에서는 입에도 대지 않던 가지와 버섯도 사랑하게 되었고요.
음악원 졸업을 앞두고 학교 가까운 곳에 살다 보니 하숙을 하게 되었어요. 그때 안나 할머니를 알게 되었죠. 시칠리아 출신인 할머니는 시간과 정성을 들여 전통 방식으로 요리를 하셨어요. 반죽을 밀어 만든 파스타와 감자를 삶아 빚은 뇨끼, 각종 채소 절임 등 투박하지만 언제 먹어도 질리지 않는 푸근한 음식이었지요. 안나 할머니는 우리네 할머니처럼 정이 많으셔서 시험 때면 빵 사이에 제가 좋아하는 온갖 재료를 넣어 도저히 한 입으로 먹을 수 없을 정도의 샌드위치를 싸주셨고, 시험을 보고 오면 제가 좋아하는 티라미수를 한가득 내주셨죠. 덕분에 몸무게가 5kg씩 늘기도 했답니다. 당시 안나 할머니의 펜네아라비아타가 최고 맛있는 줄 알았는데 나중에 보니 알덴테로 삶지 않았던 건 비밀입니다!

Spinaci Saltato

basic level

side dish

이게 시금치라니
시금치살타토

살타토(saltato)는 이탈리아어로 '뛰다'라는 뜻이에요. 조리할 때 팬을 위아래로 흔들면서 볶아 재료를 '뛰게' 하지요. 올리브유를 두르고 마늘 향을 낸 후 강불에서 볶는데, 시금치뿐 아니라 다양한 채소에 응용할 수 있어요. 살타토는 이탈리아 나물인 셈인데, 주로 스테이크 등 메인 메뉴에 곁들여 내요. 시금치살타토를 내면 무슨 채소냐고 물어 다른 채소라고 답하고픈 장난기가 발동하곤 한답니다.

재료
시금치 1단(250g)
올리브유 1큰술
마늘 2쪽
페페론치노 2개
소금 약간

준비
<u>시금치</u> 뿌리를 자르고 흐르는 물에 씻어 체에 밭친다.
<u>마늘</u> 다진다.

쿠킹
1 달군 팬에 시금치를 넣은 후 김이 나면서 숨이 죽으면 올리브유와 마늘을 넣고 섞는다.
2 ②에 소금과 페페론치노를 넣고 불을 줄인 후 섞으면서 2분간 더 익힌다.
3 부족한 간은 소금으로 맞춘 후 그릇에 담아 낸다.

HARRY'S TIP 포항초나 남해초는 뿌리를 자르지 않고 써도 돼요.

Funghi Ripieni in Forno

치즈 없은 표고버섯오븐구이

카르멜라 수녀님에게 "수녀님은 어떤 식재료랑 비슷해요?" 물으니 '버섯'으로 불리고 싶다는 거예요. 버섯은 모양은 그다지 예쁘지 않지만 맛도 좋고 영양도 풍부해 어떤 요리에도 잘 어울리기 때문이라고 하셨죠. 지금도 수녀님이 해주셨던 이 버섯 요리를 할 때면 카르멜라 수녀님의 환한 미소가 떠오르곤 합니다.

재료
생표고버섯 8개
모차렐라치즈 60g
그뤼에르치즈 20g
파르메산치즈 1큰술
빵가루 3큰술
올리브유 1큰술
이탤리언 파슬리 약간
소금·후춧가루 약간씩

준비
표고버섯 기둥을 떼고 젖은 종이타월로 먼지를 닦는다.
모차렐라치즈 잘게 썬다.
그뤼에르치즈 그레이터에 간다.
이탤리언 파슬리 잎만 따서 잘게 다진다.

쿠킹
1 오븐 팬에 표고버섯 안쪽이 위로 올라오도록 담는다.
2 모차렐라치즈, 파르메산치즈, 이탤리언 파슬리를 잘 섞은 후 소금, 후춧가루로 간해 ①의 표고버섯 안에 꾹꾹 눌러가며 담는다.
3 그뤼에르치즈와 빵가루, 올리브유 섞은 후 ②의 버섯 위에 소복이 올리고 180℃로 예열한 오븐에 15분간 구워 그릇에 담아 낸다.

basic level

side dish

HARRY'S TIP
모차렐라치즈에 소금 대신 안초비를 다져 넣어도 감칠맛과 풍미가 좋답니다.

Melanzane alla Siciliana

middle level

side dish

시칠리아식 가지절임

이탈리아의 절임 요리는 어머니의 솜씨를 가늠할 수 있는 음식이에요. 저는 안나 할머니와 살면서 시칠리아의 맛을 제법 익혔어요. 할머니들이 특별한 도구나 양념 없이도 맛있게 만드는 음식은 자꾸 생각이 나지요. 이 가지절임은 라따뚜이보다 만들기 간단하면서 더 맛있어요.

재료

가지 2개
마늘 4쪽
페페론치노 3개
올리브유 6큰술
굵은소금 1작은술
소금 1작은술
식초(또는 레몬즙) 3큰술
이탤리언 파슬리 약간
후춧가루 약간

준비

가지 양쪽 끝을 잘라내고 1.5cm 두께로 어슷썰기한다.
마늘, 이탤리언 파슬리 잘게 다진다.

쿠킹

1 가지에 굵은소금을 뿌려두었다가 물기를 닦고, 달군 그릴에 오일 없이 살짝 굽는다.
2 볼에 마늘, 이탤리언 파슬리, 페페론치노, 올리브유, 소금, 식초, 후춧가루를 넣고 골고루 섞어 소스를 만든다.
3 ①의 가지를 식힌 후 ②의 소스에 잠깐 재웠다가 꺼내 밀폐 용기에 차곡차곡 담아 냉장 보관한 후 다음 날 먹는다. 냉장고에서 바로 꺼내면 올리브유가 굳어 있으니 잠시 실온에 둔다.

HARRY'S TIP 가지는 표면에 그릴 자국만 살짝 내세요. 이 레시피는 양송이버섯, 아티초크 등에도 응용할 수 있답니다.

Caponata alla Melanzane

basic level

side dish

이탈리아의 라따뚜이
가지카포나타

디즈니 애니메이션 덕에 '라따뚜이'라는 이름이 익숙해요. 여러 가지 채소를 뭉근히 끓여 만든 채소 스튜가 라따뚜이인데, 이탈리아에서는 카포나타라고 불러요. 다양한 채소를 사용하지만 저는 주로 가지를 넣어요. 시칠리아 출신 안나 할머니가 해주시던 방식이지요.
새콤달콤한 맛이 나 빵과 함께 먹어도 좋고, 고기 요리의 가니시로도 그만이에요.

재료
가지 2개
마늘 4쪽
올리브유 2큰술
황설탕 1/2큰술
식초 1큰술
바질잎 5장
방울토마토 8개
소금·후춧가루 약간씩

준비
<u>가지</u> 가로세로 1cm 크기로 깍둑썰기해 소금을 살짝 뿌린다.
<u>마늘</u> 편으로 썬다.
<u>바질잎</u> 2장은 남기고, 3장은 채 썬다.
<u>방울토마토</u> 반으로 가른다.

쿠킹
1 달군 팬에 올리브유를 두르고 마늘을 앞뒤로 노릇하게 굽는다.
2 ①에 가지를 넣고 중불에 볶다가 올리브유를 한 번 더 두르고 3분간 익힌다.
3 ②에 설탕을 넣고 녹을 때까지 살살 젓는다.
4 채 썬 바질, 방울토마토를 넣고 소금, 후춧가루로 간한 후 뚜껑을 덮고 약불에 5분간 더 익힌다.
5 뚜껑을 열고 불을 세게 한 다음 식초를 넣고 불을 끈 후 그릇에 담아 바질잎을 얹어 낸다.

Insalata di Couscous

세상에서 가장 작은 파스타
쿠스쿠스샐러드

쿠스쿠스는 좁쌀같이 작은 파스타를 말해요. 본래 북아프리카 모로코나 튀니지 음식으로, 시칠리아와 튀니지가 거리상 가까워 중세 시대에 전해졌대요. 시칠리아가 고향인 안나 할머니는 쿠스쿠스만큼은 최고로 잘하셨지요. 안나 할머니가 경쾌한 하이 톤 목소리로 알려주던 레시피예요.

재료
쿠스쿠스 250g
뜨거운 물 350ml
주키니 1/4개(50g)
홍피망 1/3개
적양파 1/3개
캔 옥수수 2큰술
그린 올리브·블랙 올리브 6개씩
올리브유 2큰술
바질잎 2~3장
소금·후춧가루 약간씩

드레싱
방울토마토 5개
다진 양파 2큰술
올리브유 3큰술
레몬즙 2큰술
소금·후춧가루 약간씩

준비
쿠스쿠스 볼에 담아 뜨거운 물을 붓고 랩을 씌워 실온에 8분간 둔다.
주키니, 홍피망, 적양파 가로세로 0.5cm 크기로 깍둑썰기한다.
캔 옥수수 체에 밭쳐 물기를 뺀다.
그린 올리브, 블랙 올리브 반으로 가른다.
방울토마토 살짝 데쳐 찬물에 담갔다가 껍질을 벗기고 반으로 자른다.
바질잎 채 썬다.

쿠킹
1 볼에 주키니, 적양파, 홍피망, 캔 옥수수, 올리브를 담는다.
2 다른 볼에 방울토마토와 다진 양파에 올리브유와 레몬즙, 소금, 후춧가루를 넣고 잘 섞어 드레싱을 만든다.
3 ②를 ①에 넣고 섞는다.
4 쿠스쿠스를 포크로 긁어가며 부슬부슬하게 만든다.
5 ③에 ④를 넣고 섞는다.
6 ⑤에 올리브유를 한 번 두르고 소금, 후춧가루로 간한 후 바질을 섞어 그릇에 담아 낸다.

HARRY'S TIP 주키니 대신 오이를 넣어도 돼요. 방울토마토를 잘게 다져 드레싱을 만들어도 좋아요.

Zucchine al Carpaccio

basic level

appetizer

주키니카르파초

어린 시절 애호박과 가지를 좋아하지 않았던 저는 로마의 기숙사에서 지내는 동안 채소 맛에 눈떴어요. 기숙사 주방을 담당하는 카르멜라 수녀님의 채소 요리가 환상이었거든요. 그때부터 가지와 주키니는 저의 '최애' 채소가 되었지요. 주키니카르파초는 여름철 더위로 잃은 입맛을 되살려주는 메뉴예요.

재료
주키니 1/2개(80g)
치커리 한 줌(20g)
노랑 피망·홍피망 1/3개씩
올리브유 1큰술
레몬 제스트 약간

드레싱
올리브유 3큰술
화이트 와인 식초 2큰술
레몬즙 1큰술
이탤리언 파슬리 약간
소금·후춧가루 약간씩

준비
주키니 필러를 이용해 세로로 길게 저민다.
노랑 피망, 홍피망 가로세로 0.5cm 크기로 깍둑썰기한다.
치커리 물에 씻어 먹기 좋은 크기로 썬다.
이탤리언 파슬리 잎만 따서 다진다.
드레싱 분량의 재료를 섞는다.

쿠킹
1 주키니를 소스에 20분간 재웠다가 접시에 담는다.
2 접시 한쪽에 치커리를 소복이 쌓는다.
3 ②에 ①의 드레싱을 조금 뿌리고, 나머지 소스에 노랑 피망과 홍피망을 넣고 섞어 주키니 위에 뿌린다.
4 올리브유를 접시 전체에 둘러 뿌린 다음 레몬 제스트를 올려 낸다.

Carozza

middle level

appetizer

서커스 마차의 이름
카로짜

카로짜는 유랑 극단 광대들이 타고 다니던 서커스 마차를 일컫는 말이에요. 안나 할머니의 고향 시칠리아에서는 동네에 극단이 오면 마차 뒤편에서 카로짜를 튀겨 팔았다고 해요. 음식이 마차 바퀴를 닮아 그렇게 부르게 되었대요. 예전에는 마차 바퀴처럼 둥글게 만들었는데, 요즘에는 주로 식빵으로 만들기 때문에 네모, 세모 모양이에요.

재료
식빵 4쪽
모차렐라치즈(덩어리) 200g
달걀 4개
바질잎 8장
안초비 4마리
빵가루 3컵
소금·후춧가루 약간씩
식용유(튀김용) 적당량

준비
<u>모차렐라치즈</u> 동그란 모양을 살려 1cm 두께로 썬다.
<u>달걀</u> 소금, 후춧가루를 넣고 풀어 달걀물을 만든다.
<u>안초비</u> 반으로 가른다.

쿠킹
1 식빵 위에 모차렐라치즈 1조각, 바질잎 1장, 안초비 1조각을 올린 다음 식빵으로 덮는다. 손바닥으로 꾹꾹 눌러 재료가 서로 달라붙게 한다.
2 ①의 모서리를 다듬고 세모 또는 네모 모양으로 자른다.
3 ②의 식빵에 달걀물, 빵가루 순으로 튀김옷을 입힌 다음 냉장고에 30분간 둔다.
4 170℃로 예열한 식용유에 노르스름할 때까지 2~3분간 튀겨 낸다.

HARRY'S TIP
아라비아타소스를 곁들여 내도 어울려요.

Zuppa d'orzo

채소와 보리를 듬뿍
보리수프

돌로미티산맥에 살던 사비나라는 친구의 어머니가 해주신 보리수프를 맛있게 먹은 추억이 있어요. 이탈리아 북부 트렌티노 지방의 요리인 보리수프는 주로 가을에 먹어요. 보리는 이른 봄에 수확하는데 햇보리로는 수프를 만들지 않고, 묵혀두었다가 가을 즈음 만들어요. 수분이 날아가 맛이 진해지기 때문이죠. 보리수프는 쿠킹 클래스의 여자 수강생들이 특히 좋아하는 메뉴랍니다.

재료(4인분)
보리 250g
당근 1개
감자 1개
셀러리 1줄기
양파 1개
판체타(또는 베이컨) 150g
채수(또는 물) 800ml
올리브유 1큰술
월계수잎 2장
이탤리언 파슬리 약간
소금·후춧가루 약간씩

준비
판체타 가로세로 1cm 크기로 자른다.
보리 하룻밤 물에 불려 체에 밭친다.
당근, 감자, 셀러리, 양파 가로세로 0.5cm 크기로 깍둑썰기한다.
이탤리언 파슬리 잎만 따서 다진다.

쿠킹
1 달군 냄비에 올리브유를 두른 후 모든 채소를 넣고 3분간 볶는다.
2 ①의 냄비에 판체타를 넣고 3분간 더 볶는다.
3 ②에 보리를 넣고 볶다가 채수 500ml, 월계수잎을 넣고 중불에 20분간 끓인다.
4 나머지 채수를 나눠 넣고 20분 정도 저어가며 끓인 후 월계수잎을 건진다.
5 소금, 후춧가루로 간하고, 이탤리언 파슬리를 넣은 후 그릇에 담아 낸다.

Zuppa di Cipolla

high level

appetizer

이탈리아 스키장 메뉴
양파수프

우리나라 스키장에서 우동이나 어묵탕을 먹으며 추위를 달래듯, 이탈리아에서는 뜨끈한 양파수프로 몸을 녹여요. 볼차노(Bolzano) 지방의 오르티세이(Ortisei)라는 예쁜 도시에 살던 친구의 집에서 맛본 양파수프가 제 인생 수프예요. 그때 만드는 법을 배웠는데, 이런저런 시도를 해도 번번이 실패했어요. 그러다 본격적으로 요리를 시작한 이후에 알았죠. 양파수프에서 양파보다 중요한 것이 닭 육수라는 것을! 시판 치킨 스톡으로는 제맛이 나지 않아요.

재료(4인분)
양파 3개
바게트 4개
닭 육수(p.18 참조) 6컵
그뤼에르치즈 8큰술
올리브유 2큰술
버터 20g
타임잎 약간
소금·후춧가루 약간

준비
양파 얇게 채 썬다.
바게트 2cm 두께로 썰어 노릇하게 굽는다.
그뤼에르치즈 그레이터에 간다.

쿠킹
1 달군 팬에 올리브유와 버터를 넣고 양파를 갈색이 나도록 약불에서 40분 이상 충분히 볶다가 타임잎을 넣고 볶는다.
2 오븐 그릇에 바게트를 담고 ①의 양파 2큰술을 소복이 올린 후 닭 육수를 그릇의 3분의 2 정도 차도록 부은 후 소금, 후춧가루로 간한다.
3 그뤼에르치즈를 듬뿍 얹은 후 200℃로 예열한 오븐에서 윗면이 갈색이 나도록 15분간 굽고 먹기 전에 후춧가루를 살짝 뿌려 낸다.

HARRY'S TIP 타임을 이탈리언 파슬리로 대체할 수 있지만 타임의 풍미에는 미치지 못한답니다.

Saor

high level

appetizer

베네치아의 단짠단짠
사오르

카를로 골도니(Carlo Goldoni)라는 18세기 베네치아 출신의 희극작가가 있어요. 로마 국립음악원에서 공부하던 시절 그의 일대기를 읽다가 "베네치아의 사오르를 못 먹고 죽은 모든 이에게 애도를 표현한다"라는 구절을 보았지요. 어찌나 궁금하던지, 베네치아에 처음 간 날 사오르부터 먹어봤어요. 사오르는 정어리를 튀겨 만든 요리예요. 제가 등 푸른 생선을 그다지 좋아하지 않는데도 '단짠단짠' 독특한 맛에 반해 맛있게 먹은 기억이 납니다. 옛날 음식이기 때문에 요즘 베네치아에서 사오르를 내는 레스토랑이 드물어요.

재료
정어리(또는 고등어 살) 150g
양파 1개
건포도 50g
꿀 2큰술
전분 50g
밀가루 120g
탄산수 1/2컵
화이트 와인 1/2컵
올리브유 1큰술
이탤리언 파슬리·파르메산치즈 약간씩
소금·후춧가루 약간씩
식용유(튀김용) 적당량

준비
정어리 3장 포뜨기로 살만 발라 손가락 크기로 도톰하게 썬 후 소금, 후춧가루로 간한다.
양파 동그란 모양을 살려 채 썬다.
건포도 화이트 와인에 담가 불린다.
이탤리언 파슬리 잎만 따서 다진다.
튀김옷 탄산수에 밀가루를 넣고 소금, 파르메산치즈를 섞어 냉장고에서 10분간 숙성시킨다.

쿠킹
1 정어리에 전분을 묻혀 털어낸 후 튀김옷을 골고루 묻힌다.
2 170℃로 예열한 식용유에 ①을 튀긴 후 종이타월에 올려 식힌다.
3 달군 팬에 올리브유를 두르고 양파를 넣은 후 소금으로 살짝 간해 강불에 튀긴 후 볶는다.
4 ③의 양파가 갈색이 나면 불린 건포도를 넣고 뚜껑을 덮어 약불에 5분간 졸인다.
5 뚜껑을 열고 꿀을 넣은 후 중불로 수분을 날려 소스를 만든다.
6 ②의 정어리를 한 번 더 튀겨 바삭하게 한 후 ⑤의 소스에 넣고 강불에 한두 번 섞듯이 볶는다.
7 그릇에 담고 이탤리언 파슬리와 후춧가루를 뿌려 낸다.

HARRY'S TIP 흰 살 생선으로 만들면 사오르 특유의 맛이 나지 않고 영국식 피시앤칩스가 되어버린답니다.

Calamari Fritti

basic level

appetizer

이탈리아식 오징어튀김

이탈리아식 오징어튀김은 튀김옷이 가볍고 파르메산치즈를 넣어 고소한 맛이 나요. 애피타이저로도 좋고, 화이트 와인이나 맥주와도 잘 어울려요. 마른 튀김옷은 글루텐 함량이 높은 강력분을 써야 식감이 좋아요.

재료
갑오징어(중간 크기) 2마리
강력분 1컵
파르메산치즈 1큰술
이탤리언 파슬리 1/2큰술
소금 약간
식용유(튀김용) 적당량

준비
<u>갑오징어</u> 내장과 눈을 제거하고 먹기 좋은 크기로 썬 후 종이타월로 물기를 닦는다.
<u>이탤리언 파슬리</u> 잎만 따서 다진다.

쿠킹
1 볼에 강력분, 파르메산치즈 1/2큰술, 이탤리언 파슬리, 소금을 넣고 잘 섞는다. 이때 토핑용 이탤리언 파슬리를 조금 남긴다.
2 오징어에 ①을 골고루 묻힌 후 남은 가루를 털어내고 170℃로 예열한 식용유에 튀긴다.
3 식기 전에 이탤리언 파슬리와 나머지 파르메산치즈를 뿌려 낸다.

HARRY'S TIP 튀김옷을 입힐 때 비닐봉지에 오징어와 강력분을 함께 넣고 흔들면 간편해요.

Gnocchi

high level

 pasta

할머니의 수제비
뇨끼

뇨끼는 이탈리아식 수제비라고 할 수 있어요. 감자를 넣고 반죽해 쫄깃하지요. 시금치즙이나 당근즙을 넣어 변화를 주기도 하고, 리코타치즈를 넣어 부드럽게 만들기도 하는 등 레시피가 다양해요. 여기서는 정통 뇨끼 레시피를 소개합니다.

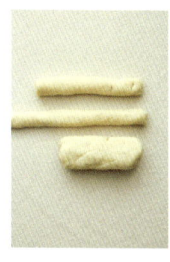 

재료
뇨끼 20개
굵은소금(면수용) 30g
물 3L
고르곤졸라치즈 50g
생크림 200ml
이탤리언 파슬리 약간
소금·후춧가루 약간씩

뇨끼 반죽
감자 1kg
중력분 300g
달걀 1개
소금 약간

준비
감자 삶아서 껍질을 벗긴 후 포크로 으깬다.
이탤리언 파슬리 잎만 따서 다진다.

쿠킹
1 볼에 으깬 감자와 밀가루를 넣고 달걀을 풀어 소금을 넣은 후 잘 섞어 반죽한다.
2 ①을 방망이 모양으로 만든 후 엄지손가락만 한 크기로 자른다.
3 홈이 파인 파스타 보드 위에 ②를 올리고 밀어 모양을 잡거나 포크로 눌러 모양을 내 뇨끼를 만든다.
4 냄비에 생크림을 넣고 약불에 10분 정도 끓이다 고르곤졸라치즈를 넣고 잘 녹인다.
5 끓는 물에 굵은소금을 넣고 ③을 삶는다. 뇨끼가 떠오르면 1분 정도 더 삶은 후 건져 ④에 넣고 걸쭉해질 때까지 섞는다.
6 그릇에 담고 이탤리언 파슬리를 뿌려 낸다.

HARRY'S TIP
감자가 식으면 잘 으깨지지 않고, 너무 뜨거우면 달걀이 익어버리니 따뜻할 때 반죽하세요. 뇨끼를 반죽할 때 힘을 많이 줘 밀거나 뭉치면 물기가 나오기 때문에 힘을 적당히 주는 것이 중요해요.

Spaghetti alla Carbonara

high level

pasta

까르보나라 스파게티

까르보나라 스파게티는 펜네아라비아타와 함께 로마를 대표하는 음식이에요. 까르보네(carbone)는 '석탄'이라는 뜻의 이탈리아어예요. 석탄을 나르는 광부들이 파스타 하나만 든든히 먹고도 일할 수 있도록 판체타와 달걀이 들어가는 소스를 즐겨 먹은 데서 유래했다고도 하고, 파스타에 후춧가루를 많이 뿌려 석탄재 같아 보여 이름 붙었다는 설도 있어요. 이탈리아 요리 중에 후춧가루를 이렇게 많이 쓰는 메뉴가 드물기는 해요. 우리나라에서 한때 생크림을 잔뜩 넣은 정체 불명의 까르보나라가 유행했는데, 이제는 퍽퍽한 정통 까르보나라를 좋아하는 사람이 많아졌지요. 또 한 가지, 까르보나라에는 파르메산치즈가 아닌 페코리노로마노치즈를 넣는다는 것도 잊지 마세요.

재료
스파게티 160g
굵은소금(면수용) 30g
물 3L
판체타 30g
양파 1/3개(20g)
생크림 4큰술
달걀노른자 2개
이탈리언 파슬리 20g
페코리노로마노치즈 40g
화이트 와인 2큰술
소금·후춧가루 약간씩

준비
판체타 가로세로 0.5cm 크기로 자른다.
양파, 이탈리언 파슬리 다진다.
달걀 노른자만 분리한다.
페코리노로마노치즈 그레이터에 곱게 간다.

쿠킹
1 끓는 물에 굵은소금을 넣고 면을 삶는다.
2 달군 팬에 판체타를 넣고 볶다가 노르스름해지면 화이트 와인을 넣고 알코올을 날린 후 판체타를 꺼낸다.
3 ②의 팬에 양파를 넣고 볶다가 ①의 면수를 조금 넣는다. 끓어오르면 약불로 줄인다.
4 볼에 달걀노른자와 생크림, 페코리노로마노치즈 20g, 이탈리언 파슬리, 소금, 후춧가루를 넣고 섞는다.
5 ③의 팬에 ①의 면을 넣고 끓이다가 꺼내 둔 판체타를 넣고 불을 끈 다음 ④를 넣고 팬을 위아래로 움직이며 만테카레를 한다.
6 그릇에 담고 나머지 페코리노로마노치즈와 후춧가루를 뿌려 낸다.

HARRY'S TIP 판체타가 없다면 베이컨을 넣어도 돼요. 까르보나라는 온도를 낮춘 후 팬을 흔들어 크림화하는 만테카레 과정이 중요해요. 그래야 느끼하지 않으면서 깊은 맛이 나요.

Penne All'arrabbiata

화날 정도로 맵다는 뜻
아라비아타 펜네

아라비아타는 화가 날 정도로 매운 소스라는 뜻인데, 우리 입맛에는 그다지 맵지 않지요. 이탈리아 사람들은 매운 걸 워낙 못 먹어서 제가 만든 만두도 맵다고 하더라고요. 양파와 마늘 맛이 매웠던 거죠.

재료

펜네 160g	올리브유 2큰술
굵은소금(면수용) 30g	버터 20g
물 3L	페페론치노 5개
홀 토마토 350ml	바질잎 2장
마늘 6쪽	파르메산치즈 1큰술
양파 1/3개	소금·후춧가루 약간씩

준비

마늘, 양파 다진다.
홀 토마토 꼭지를 떼고 가볍게 주물러 으깬다.
바질잎 굵게 채 썬다.

쿠킹

1 달군 팬에 올리브유와 버터를 두르고 마늘과 양파를 넣고 숨이 죽도록 볶는다.
2 ①에 홀 토마토와 손으로 부순 페페론치노를 넣고 뚜껑을 덮은 후 약불에 15분 정도 익힌다.
3 끓는 물에 굵은소금을 넣고 면을 삶는다. 면은 권장 시간보다 1분 덜 삶아 건진다.
4 ②의 소스를 소금, 후춧가루로 간하고 바질을 넣은 후 뚜껑을 연 채 수분을 살짝 날린다.
5 면을 넣고 소스와 잘 어우러지도록 2분 정도 섞는다.
6 그릇에 담고 파르메산치즈를 뿌려 낸다.

HARRY'S TIP
펜네는 펜촉 모양의 쇼트 파스타예요. 이탈리아 사람들은 포크 양끝에 뾰족한 펜네를 끼워 먹는걸 즐겨요. 펜네는 차게 먹어도 맛있어서 도시락 메뉴로도 좋아요.

middle level

pasta

Pollo alla Cacciatora

사냥꾼의 닭 요리

사냥꾼들이 갓 잡은 닭으로 요리하는 것에서 유래한 이름이에요.
닭고기는 신선도가 중요한데, 갓 잡았으니 얼마나 맛있었겠어요.
이 요리는 이탈리아 전역에서 해 먹는 만큼 지역에 따라 조리법이
조금씩 달라요. 남부로 갈수록 토마토와 매콤한 맛이 강하고,
토스카나에서는 토마토를 페이스트 정도로 조금 넣고 오일과 채소가 잘
어우러지게 만들어요. 저는 토스카나의 요리법을 소개합니다.

재료
닭 1마리(1.3kg)
화이트 와인 1/2컵
물 1컵
당근·양파 1/2개씩
셀러리 2줄기
마늘 2쪽
토마토 페이스트 1큰술
이탤리언 파슬리·로즈메리 약간씩
올리브유 약간
소금·후춧가루 약간씩

준비
닭 흐르는 물에 깨끗이 씻는다.
당근·양파·셀러리 가로세로 0.5cm 크기로 깍뚝썰기한다.
마늘 편으로 썬다.
이탤리언 파슬리 잎만 따서 다진다.

쿠킹
1 냄비에 닭을 넣고 소금과 후춧가루로 밑간한 후 올리브유를 조금
  두르고 앞뒤로 굽는다.
2 ①에 마늘과 로즈메리를 넣은 후 화이트 와인을 부어 강불로
  알코올을 날린다. 닭은 따로 꺼내둔다.
3 ②의 냄비에 당근, 양파, 셀러리, 토마토 페이스트를 넣고 볶다가
  물과 꺼내둔 닭을 넣고 뚜껑을 덮은 후 중불에 25분간 익힌다.
4 이탤리언 파슬리를 뿌려 낸다.

Involtini Pugliesi

middle level

main

불고깃감으로 쇠고기치즈말이

로마 국립음악원을 다닐 때 같은 반에 소프라노 친구가 있었어요. 꼬불꼬불한 금발 머리에 열정적이고 노래도 잘하고 성격도 좋아서 가깝게 지냈어요. 어느 날 그 친구 집에 초대받아 갔더니 지방의 전통 요리를 만들어줬어요. 돌돌 만 쇠고기 안에 토마토소스와 치즈의 조화가 환상이었지요. 지금도 불고깃감을 보면 이 요리가 생각나 가끔 만들어 먹는답니다.

재료
쇠고기 불고깃감 10장
모차렐라치즈 150g
에멘탈치즈 100g
화이트 와인 2큰술
밀가루 2큰술
마늘 2쪽
올리브유 1큰술
홀 토마토 1컵
방울토마토 10개
이탤리언 파슬리 약간
소금·후춧가루 약간씩

준비
모차렐라치즈, 에멘탈치즈 다진다.
홀 토마토 으깬다.
방울토마토 씻어서 꼭지를 딴다.
마늘 편으로 썬다.
이탤리언 파슬리 잎만 따서 다진다

쿠킹
1 쇠고기를 펴서 소금, 후춧가루로 간한 후 모차렐라치즈와 에멘탈치즈를 적당히 섞어 돌돌 만다.
2 ①에 밀가루를 골고루 묻힌다.
3 달군 팬에 올리브유를 두르고 마늘을 넣어 향을 낸 후 ②를 한쪽 면이 갈색이 나도록 굽는다.
4 화이트 와인을 넣고 고기를 앞뒤로 구운 후 따로 꺼내둔다.
5 팬에 방울토마토를 넣고 강불에서 으깨며 익힌다.
6 홀 토마토를 넣고 불을 줄인 후 소금, 후춧가루로 간한다.
7 이탤리언 파슬리를 적당히 뿌린 후 뚜껑을 닫고 5분 정도 걸쭉해질 때까지 끓인다. 이때 토핑용 이탤리언 파슬리를 조금 남긴다.
8 ⑦의 소스에 ④의 고기를 넣고 올리브유를 한 번 두른 후 3분 정도 그대로 둬 소스가 배어들게 한다.
9 그릇에 담고 이탤리언 파슬리를 뿌려 낸다.

HARRY'S TIP
매콤한 맛을 내고 싶다면 홀 토마토를 넣을 때 페페론치노를 2개 정도 넣으세요. 불고깃감이 너무 얇으면 두 장을 겹쳐 말아도 됩니다. 이 요리는 별 다른 간을 하지 않기 때문에 소금 간을 잘 맞춰야 해요.

Tirami-su

middle level

dessert

나를 끌어올려줘
티라미수

티라미수는 '나를 끌어올려달라'는 뜻이에요. 우울할 때 티라미수를 먹으면 기분이 좋아진다는 의미겠지요? 제가 시험을 보고 오는 날이면 안나 할머니는 티라미수를 만들어주시곤 했어요. 이탈리아 사람들은 서로 자기 동네 티라미수가 원조라고 하지만, 이탈리아 북부 트레비소(Treviso)의 디저트 카페 레 베키에레(Le Vecchiere)에서 시작되었다는 설이 유력해요. 돌로미티산맥 끝자락에 있는 트레비소는 제가 요리와 음악 사이에서 방황하던 시절 머문 곳인데, 동화처럼 아름다운 도시랍니다.

재료(6인분)
핑거 쿠키 24개
설탕 80g
달걀노른자 4개(120g)
마스카르포네치즈 250g
생크림 140ml
에스프레소 8잔
카카오 가루 약간

준비
<u>에스프레소</u> 미리 뽑아둔다. 에스프레소 기계가 없다면 물 160ml에 인스턴트커피 가루 2큰술을 섞어 쓴다.

쿠킹
1 달걀노른자를 거품기나 핸드 믹서로 젓다가 설탕을 넣어가며 크림색이 날 때까지 휘핑한다.
2 ①에 마스카르포네치즈를 넣고 젓는다.
3 ②에 생크림을 넣어가며 저어 약간 되직하게 만든다.
4 에스프레소에 핑거 쿠키 12개를 담갔다 바로 빼 보관 용기에 가지런히 놓고 ③의 크림 중 반을 올린다.
5 나머지 핑거 쿠키를 에스프레소에 담갔다 ④ 위에 올리고 나머지 크림을 부어 평평하게 만든 후 6시간 동안 냉장 보관한다.
6 ⑤를 잘라 그릇에 담고 카카오 가루를 뿌려 낸다.

HARRY'S TIP
핑거 쿠키를 에스프레소에 담글 때는 3초 정도가 적당해요. 그래야 과자 안까지 에스프레소가 배어들고 모양도 흐트러지지 않는답니다. 카카오 가루는 먹기 직전에 뿌려야 색이 변하지 않아요.

Crostini

빵 위에 이것저것 올려
크로스티니

빵에 뭔가를 얹은 브루스케타가 로마 스타일이라면, 토스카나에서는 비슷한 음식을 크로스티니라고 불러요. 브루스케타보다 이것저것 다양한 것을 올려 먹지요. 바(bar)에 가면 카운터 옆에 뷔페처럼 늘어놓은 작은 접시가 있는데, 그게 크로스티니예요. 스페인의 타파스와 비슷한 요리지요. 브루스케타, 크로스티니, 타파스는 모두 골라 먹는 재미가 있어요. 요리하는 사람은 창의력을 마음껏 발휘할 수 있고, 먹는 사람은 종합 선물 세트를 받는 느낌이랄까요? 제가 먹어본 크로스티니 중에서 가장 맛있었던 레시피를 알려드릴게요. 여러분도 냉장고를 열어 재밌는 크로스티니 조합을 떠올려보세요.

재료
식빵(도톰한 것) 2쪽
버터 15g
가지절임(p.62 참조) 2쪽
아스파라거스 1개
베이컨 1장
고다치즈 20g
캔 참치 80g
마요네즈 1큰술
바질페스토(p.16 참조) 1큰술
카카오 가루 약간
소금·후춧가루 약간씩

준비
식빵 테두리를 잘라내고 가로로 4등분한다.
아스파라거스 살짝 데친 후 밑동을 자른다.
베이컨 5~6cm 간격으로 썬다.
고다치즈 강판에 간다.
캔 참치 체에 밭쳐 기름을 뺀다.

쿠킹
1 식빵은 한쪽 면에 버터를 바르고 달군 팬에 올려 앞뒤로 노릇하게 굽는다.
2 팬에 버터를 두르고 아스파라거스를 살짝 굽는다.
3 ①에 아스파라거스, 베이컨을 올리고 고다치즈를 뿌려 180℃로 예열한 오븐에 6분간 굽는다.
4 캔 참치는 마요네즈를 넣고 버무려 소금, 후춧가루로 간한 후 ①에 소복이 올리고 카카오 가루를 체에 담아 뿌린다.
5 ①에 가지절임과 바질페스토를 각각 올린다.
6 크로스티니를 접시에 담아 낸다.

HARRY'S TIP 참치와 카카오 가루의 궁합이 의외로 잘 맞아요.

Bruschetta

이탈리아 국기 색
브루스케타

그릴에 구운 빵 위에 토마토와 바질을 올려 먹는 애피타이저 브루스케타는 이탈리아어로 '태우다'라는 뜻의 브루치아레(bruciare)에서 비롯된 이름이에요. 로마에서는 식당은 물론 와인 바나 맥주 펍에서 흔히 볼 수 있는 안주이기도 하지요. 빨간 토마토, 녹색 바질, 하얀 빵이 이탈리아 국기를 상징해요.

재료
바게트 4쪽
방울토마토 12개
바질잎 4장
마늘 1쪽
올리브유 2큰술
버터 1큰술
레몬즙 1큰술
소금·후춧가루 약간씩

준비
바게트 1.5cm 두께로 어슷썰기한다.
방울토마토 동그란 모양을 살려 편으로 썬다.
바질잎 채 썬다.
버터 실온에 꺼내둔다.

쿠킹
1 바게트에 버터를 발라 오븐이나 팬에 살짝 굽는다.
2 빵이 따뜻할 때 마늘을 문질러 향을 낸다.
3 방울토마토를 볼에 담고 올리브유, 레몬즙, 바질잎 2장을 넣고 소금으로 간한다.
4 ③을 ②에 소복이 얹고 후춧가루를 뿌린 후 나머지 바질잎을 올려 낸다.

HARRY'S TIP 마늘을 다지는 대신 뜨거운 빵에 통마늘을 문질러 향을 내요. 이렇게 하면 마늘 냄새가 심하지 않으면서 먹을 때 입안 가득 마늘 향이 퍼져요.

PART 3

오페라 가수에서 요리사로

요리학교, 레스토랑에서 갈고 닦은
비장의 레시피

귀국 후 음악대학 강사를 할 때 우연히 이화여자대학교 후문에 레스토랑을 여는 분을 만났어요. 레스토랑을 오픈해야 하는데 셰프를 구하지 못하고 있다며 제게 메뉴를 짜달라고 했어요. 이탈리아에서 파올라 아주머니의 요리 수제자로 지내다 밀라노 근교에 살 때는 요리학교 IPCA를 다닌 터라 요리가 하고 싶어 몸이 들썩일 때였지요. 지금 생각하면 셰프가 뭔지도 모르던 때인데 용감하게 메뉴를 짜보겠다고 했어요. 이탈리아 요리 학교 선생님에게 이메일로 자문을 구하면서 2000년대 초반에 흔치 않은 이탈리아 정통 레스토랑 메뉴를 짰어요. 그런데 우연인지 운명인지 주인이 여전히 셰프를 구하지 못해 제가 주방을 맡게 되었답니다. 낮에는 강의를 해야 하니 새벽같이 수산 시장에 들러 해산물을 산 뒤 레스토랑으로 와 점심 장사를 마치고 학교로 달려갔고, 다시 레스토랑으로 돌아와 저녁 식사 준비를 했어요. 이렇게 저는 강의와 요리를 같이 하는 '투잡' 생활을 하게 되었고, 홍대의 '치폴리나', 강남의 '칸델리나' 등 열 곳 넘는 이탈리아 레스토랑 컨설팅과 요리 스튜디오까지 운영하며 신나는 8년의 세월을 보냈어요. 성악 선생과 요리사를 동시에 하면서 둘 중 어떤 걸 접어야 할까 고민했지만 노래는 제게 오랜 친구였고, 요리는 일탈과 쉼의 시간이라 어느 것도 포기하지 못하고 있었죠. 그러다 남편을 만나 제주도에서 신혼 생활을 시작하며 성악을 접고 요리에 전념하게 되었어요. 제주도에서 요리 스튜디오를 열고, 2012년 부산에서 야경이 제일 잘 보이는 곳에 레스토랑 '산만디'('산꼭대기'라는 뜻의 경상도 말)를 열었어요. 지금의 '우니꼬'(unico: '유일한', '최고'라는 뜻의 이탈리아어)는 2016년 제주에서 시작한 원 테이블 레스토랑이에요. 이번 파트에서는 제가 이탈리아 요리를 배우고 레스토랑을 운영하면서 섬세하게 다듬은 레시피를 소개합니다.

Foccacia

middle level

appetizer

식전빵
포카치아

우리나라로 치면 서해안 어디쯤이라 할 수 있는 리구리아(Liguria)주는 바질로 유명한 제노바와 산동네 관광지로 알려진 친퀘테레가 있는 곳이에요. 친퀘테레는 '5개의 땅'이라는 뜻인데, 절벽으로 연결된 다섯 마을이 파노라마처럼 펼쳐져요. 바닷가여서 해산물 요리가 유명하지만 이곳 사람들의 포카치아 사랑도 유난하답니다. 해변에서 펼쳐지는 포카치아 페스티벌도 장관이에요.

재료
강력분 400g
박력분 100g
소금·설탕 10g씩
이스트 8g
올리브유 60ml
물 270ml
로즈메리 4줄기

살라모이아(salamoia)
올리브유 3큰술
물 3큰술
소금 1작은술

준비
<u>로즈메리</u> 잎만 따서 잘게 다진다.
<u>설탕, 물(100ml), 이스트</u> 한데 섞어 잘 푼다.

쿠킹
1 볼에 강력분과 박력분을 함께 넣고 소금을 더한 후 가운데를 분화구처럼 판다.
2 ①의 가운데에 올리브유와 이스트, 설탕을 섞은 물을 넣고 포크를 이용해 옆쪽의 밀가루를 조금씩 끌어 넣어가며 반죽한다.
3 반죽이 뻑뻑해지면 나머지 물을 부어가며 반죽한다.
4 로즈메리를 넣고 반죽한 후 동그랗게 모양을 만들어 볼에 담고 면포를 덮어 실온에서 1시간 발효시킨다.(1차 발효)
5 ④의 반죽이 부풀면 눌러서 공기를 빼낸 후 다시 반죽해 오븐 팬에 납작하게 편다. 팬 위에 면포를 덮어 반죽이 두 배로 부풀 때까지 실온에서 약 30분간 발효시킨다.(2차 발효)
6 부풀어 오른 반죽 위에 살라모이아를 바른 후 180℃로 예열한 오븐에 20분 정도 구워 낸다.

HARRY'S TIP
살라모이아는 소금오일소스라는 뜻이에요. 빵 위에 바르면 촉촉하고 짭짤한 포카치아가 돼요. 포카치아는 재료에 따라 다양한 맛을 즐길 수 있어요. 블랙 올리브 포카치아는 2차 발효 후 오븐에 넣을 때 슬라이스한 블랙 올리브를 여기저기 얹어 구워요. 방울토마토나 볶은 양파를 올려 굽기도 해요.

Giardiniera

basic level

side dish

정원이라 부르는 채소 절임
쟈르디녜라

각종 채소를 식촛물에 절인 '정원'이라는 이름의 피클이에요. 일반 피클보다 단맛이 덜하고 산미가 있어서 입맛을 돋워요. 이탈리아 사람들이 메인 요리에 반찬처럼 곁들여 먹는 꼰토르니(contorni : 사이드 디시에 해당)의 대표 메뉴죠. 본래 채소에 따라 데치는 시간을 달리하는데, 여기서는 쉽게 만드는 방법을 소개할게요.

재료
홍피망·노랑 피망·당근·
적양파·주키니 1/2개씩
화이트 와인·식초 500ml씩
소금·설탕 100g씩
올리브유 100ml
타임 약간

준비
각종 채소 손질해 손가락 길이로 길쭉하게 썬다.

쿠킹
1 냄비에 화이트 와인, 식초, 소금, 설탕, 올리브유를 모두 넣고 저어가며 끓인다.
2 팔팔 끓으면 피망과 당근을 넣고 2분간 끓인다.
3 ②에 양파와 주키니를 넣고 3분간 더 끓인 후 불을 끄고 식힌다.
4 끓는 물로 소독해서 말린 병에 ③을 담고 타임을 넣은 후 냉장고에 3일간 보관했다가 먹는다.

HARRY'S TIP 냉장고에서 밀봉한 채로 2개월 정도 보관할 수 있어요. 여기에 소개한 채소 외에 브로콜리, 펜넬 등 다양한 채소를 이용해도 돼요.

Zuppa di Burro Noci

middle level

appetizer

벨벳처럼 부드러운
버터너트스쿼시수프

땅콩처럼 생긴 버터너트스쿼시는 단호박수프와 비슷하면서 훨씬 깊고 고소한 맛이 나요. 다른 수프와 달리 버터너트스쿼시수프에는 생크림을 거의 넣지 않아요. 식감이 벨벳처럼 부드러워 '버터너트스쿼시 벨루테'라는 이름으로 부르기도 하지요. 마지막에 올리브유를 두르면 한식에 참기름 넣듯이 풍미가 살아난답니다.

재료
버터너트스쿼시퓌레 2컵
엑스트라 버진 올리브유 1작은술

버터너트스쿼시퓌레(4인분)
버터너트스쿼시 200g
마늘 3쪽
올리브유 1큰술
채수(p.18 참조) 3컵
월계수잎 1장
소금·후춧가루 약간씩

준비
버터너트스쿼시 껍질을 벗기고 믹서에 갈기 편한 크기로 대강 썬다.
마늘 편으로 썬다.

쿠킹
1 달군 냄비에 올리브유를 두르고 마늘이 갈색이 나도록 볶는다.
2 버터너트스쿼시를 넣고 7분간 볶는다.
3 ②가 노릇해지면 채수와 월계수잎을 넣고 뚜껑을 덮은 후 중불에 15분간 끓인다.
4 버터너트스쿼시를 포크로 찔러 푹 들어가면 월계수잎을 건진다.
5 믹서에 곱게 갈아 소금, 후춧가루로 간해 퓌레를 만든다.
6 퓌레 2컵을 그릇에 담고 위에 엑스트라 버진 올리브유를 둘러 낸다.

HARRY'S TIP
수프 농도가 되면 채수를 더 붓고 약불에 좀 더 졸여요. 생크림을 넣지 않고 재료 자체의 고소함을 즐기는 수프여서 다른 수프보다 걸쭉한 느낌이 나요.

Zuppa di Carota

겨울 당근으로
당근수프

우리가 먹던 당근수프는 미국 스타일이에요. 이탈리아에서는 묽은 수프보다 퓌레 형태의 걸쭉한 수프를 선호하지요. 제주도에서 살 때 구좌에서 나는 당근으로 수프를 만들었는데 색깔부터 맛까지 놀라울 정도였어요. 겨울, 제철 당근으로 꼭 수프를 만들어보세요.

재료
당근퓌레 4큰술
생크림 120ml
파르메산치즈 4큰술
소금·후춧가루 약간씩

당근퓌레(6인분)
당근 1개(300g)
마늘 3쪽
올리브유 1큰술
물 300ml

준비
당근 0.5cm 두께로 썬다.
마늘 얇게 저민다.

쿠킹
1 달군 팬에 올리브유를 두르고 마늘을 노릇하게 볶는다.
2 ①에 당근을 넣고 볶는다.
3 마늘과 당근이 숨이 죽으면 물을 자작하게 부은 후 뚜껑을 덮고 중불에 10~15분간 끓인다.
4 주걱으로 눌러 당근이 으깨지면 불을 끄고 한 김 식힌다.
5 ④를 믹서에 곱게 갈아 당근퓌레를 만든다.
6 냄비에 당근퓌레와 생크림을 넣고 중불에 10분간 끓인다.
7 끓어오르면 소금, 후춧가루로 간하고 파르메산치즈를 넣은 후 그릇에 담아 낸다.

HARRY'S TIP
당근퓌레를 만들 때 뚜껑을 덮고 익혀야 당근 향이 날아가지 않아요.
퓌레가 되직하면 물이나 우유를 넣어 농도를 조절하고, 묽으면 밀가루를 조금 넣어요.
단, 밀가루를 넣으면 당근 맛이 떨어져 추천하지는 않아요.

middle level

appetizer

Zuppa di Broccoli

middle level

appetizer

줄기도 함께
브로콜리수프

이탈리아 중부 지방에서 시작된 슬로푸드 운동이 여러 레스토랑과 셰프에게 영향을 주고 있어요. 아그리투리즘(Agriturismo: 숙박을 겸한 농장 체험 프로그램)에서 만난 셰프들의 브로콜리 사랑은 대단했지요.

재료
브로콜리퓌레 4큰술
생크림 8큰술
브로콜리(토핑용) 2송이
소금·후춧가루 약간씩

브로콜리퓌레(6인분)
브로콜리 250g
마늘 4쪽
대파 흰 부분 1줄기
올리브유 1큰술
버터 10g
채수(p.180 참조) 3컵

준비
마늘 편으로 썬다.
대파 0.5cm 간격으로 송송 썬다.
브로콜리 물에 담가 씻어서 송이만 딴다.

쿠킹
1 달군 냄비에 올리브유를 두르고 마늘을 노릇하게 볶는다.
2 ①에 대파를 넣고 1분간 볶는다
3 버터를 넣은 후 토핑용 브로콜리 2송이를 살짝 볶아 꺼내고, 퓌레용 브로콜리를 모두 넣고 중불에 10분간 볶는다.
4 채수를 붓고 약불로 줄인 후 뚜껑을 덮고 20분간 끓인다.
5 ④를 믹서에 곱게 갈아 브로콜리퓌레를 만든다.
6 냄비에 브로콜리퓌레와 생크림을 넣고 중불에 10분간 끓인다.
7 끓어오르면 소금, 후춧가루로 간하고, ③의 토핑용 브로콜리를 올려 낸다.

Zuppa ai Funghi Champignon

middle level

appetizer

진한 버섯의 풍미
양송이버섯수프

버섯으로 퓌레를 만들면 다른 채소보다 양이 적게 나와요. 홈메이드 버섯수프는 버섯의 풍미가 진해서 만들어 먹으면 만족도가 높아요.

재료
버섯퓌레 4큰술
생크림 8큰술
이탤리언 파슬리 약간
소금·후춧가루 약간씩

버섯퓌레(4인분)
양송이 200g
당근 50g
셀러리 50g
양파 30g
마늘 2쪽
올리브유 2큰술
물 3컵

준비
양송이 기둥을 떼고 젖은 종이타월로 먼지를 닦은 후 동그란 모양을 살려 얇게 썬다.
당근, 셀러리, 양파 곱게 다진다.
마늘 편으로 썬다.
이탤리언 파슬리 잎만 따서 다진다.

쿠킹
1 달군 냄비에 올리브유를 두르고 마늘을 넣은 후 향이 나도록 볶다가 당근, 셀러리, 양파를 넣고 숨이 죽을 때까지 볶는다.
2 ①에 양송이를 넣고 2분간 볶다가 물을 붓고 뚜껑을 닫은 후 약불에 15분간 끓인다.
3 ③을 믹서에 곱게 갈아 버섯퓌레를 만든다.
4 냄비에 버섯퓌레와 생크림을 넣고 약불에 5분 정도 끓인다.
5 소금, 후춧가루로 간한 후 그릇에 담아 이탤리언 파슬리를 뿌려 낸다.

HARRY'S TIP
퓌레는 소금 간을 하지 않아야 오래 보관할 수 있어요. 치즈를 좋아한다면 생크림과 함께 브뤼, 카망베르치즈를 넣어도 돼요.

Zuppa di Patate e cipollotti

middle level

appetizer

향긋한 감자대파크림수프

이 수프는 본래 포리(porri)라고 하는 이탈리아 채소로 만들어요. 우리나라에서는 구하기 힘들어 풍미가 비슷한 대파로 만들었어요. 기후가 따뜻한 로마 등 이탈리아 남부보다는 중북부 아브루초(Abruzzo)주와 움브리아(Umbria)주에서 즐겨 먹는 요리지요.

재료
감자대파퓌레 4큰술
생크림 8큰술
파르메산치즈 1큰술
이탤리언 파슬리 약간
소금·후춧가루 약간씩

감자대파퓌레(8인분)
감자 3개(280g)
대파 2줄기
올리브유 1큰술
버터 20g
채수(p.18 참조) 2컵

준비
감자 껍질을 벗기고 얇게 썬다.
대파 깨끗이 씻어 어슷썰기한다.
이탤리언 파슬리 잎만 따서 다진다.

쿠킹
1 달군 팬에 올리브유를 두르고 감자를 볶다가 감자가 반쯤 익으면 대파를 넣고 함께 볶는다.
2 감자와 대파가 노르스름해지면 버터를 넣고 뒤적거린다.
3 감자가 반 정도 잠기도록 채수를 붓고 뚜껑을 덮어 중불에 20분 정도 끓인다.
4 감자를 눌러 쉽게 부스러지면 믹서에 곱게 갈아 감자대파퓌레를 만든다.
5 냄비에 감자대파퓌레와 생크림, 파르메산치즈를 넣고 중불에 10분간 끓인다.
6 ⑤가 끓어오르면 소금, 후춧가루로 간하고, 이탤리언 파슬리를 뿌려 낸다.

HARRY'S TIP 감자는 전분이 많아 생크림 대신 우유로 농도를 맞춰도 돼요.

Garatinata al Patate

basic level ● ○ ○

appetizer

남은 재료로
감자그라탱

그라탱은 본래 남은 재료를 활용해 만드는 요리예요. 재료 위에 소스와 치즈를 얹어 다시 구우면 그럴싸한 새로운 요리가 되지요. 감자나 브로콜리 등 채소를 살짝 데친 후 여기 소개한 소스를 듬뿍 얹어 구워도 고소하고 부드러워요.

재료
감자 2개(500g)
우유 400ml
생크림 120ml
그뤼에르치즈 60g
버터 30g
마늘 1쪽
너트메그 약간
소금·후춧가루 약간씩

준비
<u>감자</u> 필러로 껍질을 벗긴 후 동그랗게 슬라이스한다.
<u>그뤼에르치즈</u> 그레이터에 간다.
<u>마늘</u> 다진다.
<u>버터</u> 실온에 꺼내둔다.

쿠킹
1 우유를 냄비에 넣고 끓이다가 끓기 시작하면 생크림과 그뤼에르치즈 40g을 넣고 약불에 5분간 졸인다.
2 ①에 소금과 후춧가루로 간하고, 너트메그를 넣는다.
3 ②에 감자를 넣고 약불에 20분 정도 졸인다.
4 오븐 팬에 버터를 바른 후 ③의 감자를 켜켜이 담는다. 감자 사이사이에 마늘을 넣고 나머지 그뤼에르치즈를 뿌려 180℃로 예열한 오븐에 45분간 굽는다.
5 ④를 꺼내 포일로 덮고 오븐 온도를 160℃로 낮춘 후 20분간 더 굽는다.
6 포일을 벗겼을 때 그라탱 표면에 수분이 많으면 180℃ 오븐에 넣어 5분 정도 더 구워 낸다.

Frittata Patate

basic level

appetizer

말하자면 달걀전
감자프리타타

유학 시절 종일 흑백 영화만 틀어주는 채널에서 고전 영화 〈해바라기〉를 봤는데 주인공 소피아 로렌이 달걀로 요리하는 장면이 나왔어요. 전쟁 후의 슬픈 이야기지만 제가 요리에 관심이 많아서인지, 두 주인공이 사랑에 빠져 며칠이고 집 안에 틀어박혀 동네 꼬마가 배달해주는 달걀로 프리타타를 만들어 먹는 장면이 잊혀지지 않아요. 그래서 저도 따라 했다가 너무 맛이 없어 고스란히 남긴 추억이 있답니다. 그러면서 터득했지요. 정통 프리타타는 달걀만으로 만들지만 스페인식으로 프리타타에 감자를 더해 만들면 정말 고소하다는 것을요.

재료
달걀 5개
감자(중간 크기) 1개
주키니 1/3개
방울토마토 6개
베이컨 1줄
양송이 2개
샬롯(또는 양파) 1개
생크림 100ml
이탤리언 파슬리 약간
바질잎 2장
파르메산치즈 2큰술
소금·후춧가루 약간씩
식용유(튀김용) 적당량

준비
달걀 볼에 넣고 거품기로 잘 푼다.
감자 필러로 껍질을 벗기고 동그란 모양을 살려 최대한 얇게 슬라이스한다.
주키니 반달 모양으로 얇게 슬라이스한다.
방울토마토 씻어서 반으로 가른다.
베이컨 1cm 간격으로 썬다.
양송이 기둥을 떼고 젖은 종이타월로 먼지를 닦은 후 얇게 썬다.
샬롯 잘게 다진다.
이탤리언 파슬리, 바질잎 채 썬다.

쿠킹
1 풀어놓은 달걀에 주키니, 방울토마토, 베이컨, 양송이, 샬롯, 생크림을 넣고 거품기로 잘 젓는다.
2 소금, 후춧가루로 간한 후 파르메산치즈, 이탤리언 파슬리, 바질을 넣는다.
3 팬에 식용유를 넉넉히 두르고 감자를 튀기듯 구운 다음 종이타월에 올려 기름을 뺀다.
4 ③의 감자를 오븐 팬에 켜켜이 쌓은 뒤 ②를 붓고 180℃로 예열한 오븐에 20분간 굽는다.
5 한가운데를 젓가락으로 찔러 물기가 묻어나지 않으면 꺼낸다. 먹기 좋은 크기로 잘라 낸다.

HARRY'S TIP 오븐에서 꺼낸 프리타타는 살짝 식히면 수축해 그릇에서 쉽게 빠집니다. 윗면을 접시로 덮은 후 뒤집으면 감자가 위로 올라가 매끄럽고 보기 좋은 모양으로 자를 수 있어요.

Insalata alla Greca

basic level

appetizer

여름날 시칠리아에서는
그리스식 샐러드

페타치즈를 넣은 그리스식 샐러드는 상큼해서 더운 여름에 입맛을 돋워줍니다. 그리스뿐 아니라 이탈리아 시칠리아에서도 즐겨 먹는 샐러드예요. 그리스에서는 주로 플레인 요구르트로 만든 소스를 뿌려 먹고, 시칠리아에서는 올리브유와 레몬즙으로 만든 드레싱으로 가볍고 상큼하게 즐기곤 해요.

재료(4인분)
치커리 30g
루콜라 어린잎 20g
적근대 4장
오이 1/2개
빨간 파프리카 1/2개
블랙 올리브 1큰술
페타치즈 60g

드레싱
올리브유 2큰술
꿀 1작은술
레몬즙 1/2작은술

준비
<u>치커리, 루콜라, 적근대</u> 씻어 물기를 뺀다.
<u>오이</u> 동그랗게 슬라이스한다.
<u>파프리카</u> 가로세로 0.5cm 크기로 깍둑썰기한다.
<u>페타치즈</u> 가로세로 1cm 크기로 깍둑썰기한다.
<u>블랙 올리브</u> 씨를 빼고 슬라이스한다.
<u>드레싱</u> 분량의 재료를 넣고 거품기로 잘 섞는다.

쿠킹
1 볼에 치커리, 루콜라, 적근대와 오이, 파프리카, 블랙 올리브를 넣고 준비한 드레싱의 3분의 2만 뿌린 후 나무 주걱으로 살살 섞는다.
2 그릇에 옮겨 담고 페타치즈를 군데군데 올린 후 나머지 소스를 뿌려 낸다.

HARRY'S TIP
잎이 얇은 채소는 흐르는 물에 씻기보다 찬물에 담가두었다가 체에 밭쳐 물기를 빼세요. 샐러드 채소는 채소 탈수기를 이용해 물기를 빼면 싱싱하고 아삭하게 즐길 수 있어요.

Insalata di Beet e Cacchi

basic level

appetizer

비트 드레싱
비트단감샐러드

비트가 이렇게 사랑받던 때가 있을까 싶을 정도로 요즘 비트의 인기가 좋아요. ABC(Apple, Beet, Carrot) 주스가 유행해서, 비트 하면 사과와 당근이 자연스레 떠오르는데, 비트는 단감, 적양파와도 잘 어울려요.

재료
비트 1/2개
단감 1개
민트잎 약간

드레싱
비트 1/2개
플레인 요구르트 120g
레몬즙 2큰술
꿀 1작은술
소금·후춧가루 약간씩

준비
<u>비트</u> 껍질째 12분간 쪄서 0.5cm 두께의 반달 모양으로 썬다.
<u>단감</u> 껍질을 벗겨 씨를 빼고 비트와 비슷한 모양으로 썬다.

쿠킹
1 분량의 소스 재료를 믹서에 갈아 드레싱을 만든다.
2 접시에 단감과 비트를 겹쳐 담고 드레싱을 곁들인 후 민트잎을 올려 낸다.

HARRY'S TIP
비트를 쪄서 깍둑썰기하고 다진 적양파, 올리브유, 소금, 후춧가루를 넣는 간단한 샐러드도 있어요. 비트와 깍둑썰기한 각종 채소를 마요네즈에 버무리면 러시아식 샐러드가 돼요.

Ceviché alla Passera

소스에 재운 회
광어세비체

요즘 이탈리아를 여행하다 보면 해변가 식당에서 회에 드레싱을 뿌려 내는 애피타이저 세비체를 종종 볼 수 있어요. 세비체는 원래 남미의 초절임 소스를 회에 뿌려 먹는 음식으로, 페루식 세비체는 파프리카, 할리피뇨, 다진 마늘을 넣어 만들어요. 저는 이보다 더 간단하게 만들어봤어요.

재료

광어(횟감용) 300g
올리브유 8큰술
적양파 1/3개
이수부 식초 2큰술(또는 식초 2큰술+꿀 1작은술)
석류 알갱이 1큰술
생강즙 1/3작은술
민트잎 약간
소금·후춧가루 약간씩

준비

광어 얇게 포를 뜬 다음 종이타월로 말아 냉장 보관한다.
적양파 분량의 반은 곱게 다지고, 나머지 반은 둥근 모양을 살려 최대한 얇게 슬라이스해 물에 담가둔다.
석류 반으로 갈라 알만 턴다.
민트잎 흐르는 물에 씻은 후 체에 밭쳐 물기를 뺀다.

쿠킹

1 볼에 올리브유와 다진 적양파, 이수부 식초, 소금, 생강즙을 넣고 거품기로 저어 드레싱을 만든다.
2 ①에 광어를 넣고 살짝 버무린 다음 냉장고에 30분간 넣어두었다가 꺼내 접시에 담는다.
3 석류와 민트를 올린 다음 볼에 나머지 드레싱을 뿌린다.
4 슬라이스한 적양파를 건져 물기를 뺀 후 ③ 위에 올리고 후춧가루를 뿌려 낸다.

basic level

appetizer

HARRY'S TIP 광어를 드레싱에 버무려놓아야 맛이 더 좋아요. 적양파가 없으면 흰 양파를 써도 돼요. 흰 양파는 물에 좀 더 오래 담가 매운맛을 빼세요.

Linguine al Pesto

high level

pasta

바질페스토 링귀네

제노바 파스타 소스의 대명사 바질페스토. 페스토(pesto)는 이탈리아어로 '곱게 빻다'라는 뜻으로, 바질 외에도 토마토페스토, 가지페스토, 버섯페스토 등 종류가 다양해요. 제노바는 고개를 돌리면 바질밭이 있을 정도로 바질의 고장이에요. 제노바에 처음 갔을 때 도시 한쪽에 보성 녹차밭처럼 펼쳐진 융단 같은 바질밭을 본 기억이 나요. 여름 햇살을 받고 자란 바질은 비타민 C 함량이 레몬보다 10배나 높아 제노바 사람들은 "여름 바질을 먹고 겨울 감기를 이긴다"라고 말할 정도랍니다.

재료
링귀네 160g
굵은소금(면수용) 30g
물 3L
감자 1/3개
바질페스토(p.16 참조) 2큰술
파르메산치즈 약간

준비
<u>감자</u> 껍질을 벗기고 가로세로 1.5cm 크기로 깍뚝썰기한다.
<u>파르메산치즈</u> 필러로 얇게 저민다.

쿠킹
1 끓는 물에 굵은소금을 넣고 면을 삶는다. 면 삶는 시간이 4분 남았을 때 감자를 넣는다.
2 볼에 바질페스토를 넣고 ①을 건져 넣은 후 잘 버무린다.
3 그릇에 담아 파르메산치즈를 올려 낸다.

HARRY'S TIP 바질페스토에 뜨거운 면을 바로 넣어 잘 버무려주세요. 그래야 소스가 분리되지 않고 잘 어우러진답니다.

Aglio e Oglio e Peperoncini

middle level

pasta

의외로 까다로운
알리오올리오

알리오올리오는 오일 파스타의 기본이에요. 별다른 재료 없이
마늘만으로 만들어 과정은 간단하지만 맛을 내기는 까다롭지요.
알리오올리오는 면수와 오일이 잘 어우러지는 만테카레가 중요해요.
또 좋은 올리브유, 즉 엑스트라 버진 올리브유를 써야 맛있어요.
엑스트라 버진 올리브유는 불을 가하면 안 된다고 생각하는 경우가
많은데, 샐러드 외에 볶음, 파스타 등 열을 가하는 요리에도 쓸 수 있어요.

재료
스파게티 160g
굵은소금(면수용) 30g
물 3L
마늘 8쪽
페페론치노 3개
이탤리언 파슬리 1큰술
엑스트라 버진 올리브유 4큰술

준비
<u>마늘</u> 4쪽은 칼등으로 눌러 으깨거나 슬라이스하고, 4쪽은 다진다.
<u>이탤리언 파슬리</u> 다진다.

쿠킹
1 끓는 물에 굵은소금을 넣고 면을 삶는다. 면은 권장 시간보다 1분 덜
  삶아 건진다.
2 팬에 올리브유를 두른 다음 으깬 마늘을 넣고 향이 나도록 볶은 후
  노르스름해지면 꺼낸다.
3 ②에 이탤리언 파슬리와 페페론치노를 넣은 후 면수 한 국자를 넣는다.
  이때 토핑용 이탤리언 파슬리를 조금 남긴다.
4 면수 양을 조절해 간을 맞춘 후 중불에 끓이다가 다진 마늘을 넣는다.
5 ①의 면을 ④에 넣고 물기가 거의 없어질 때까지 저어가며 볶는다.
6 그릇에 담고 이탤리언 파슬리를 뿌려 낸다.

HARRY'S TIP 면수는 면을 여러 번 삶을수록 맛있어져요. 그래서 집에서 맛있는
면수를 만들기는 쉽지 않죠. 대신 소금 간을 조금 더 하거나 채수를
넣어보세요. 알리오올리오에 파르메산치즈를 뿌리는 경우도 있는데,
정통 레시피에서는 넣지 않는답니다.

Tagliatelle ai Gamberi con la Crema

high level

pasta

이탈리아 손칼국수
새우크림 탈리아텔레

넓적한 생면 파스타 탈리아텔레는 맛있기로 손에 꼽아요. 탈리아텔레는 '자른'이라는 뜻이니 우리로 치면 손칼국수가 되겠지요? 가끔 이탈리아 레스토랑 메뉴판에 '타글리아텔레'라고 써 있는데, 이탈리아에서는 모음 뒤의 자음은 묵음이 되어 '탈리아텔레'로 읽는답니다. 셀러리를 넣어 상큼한 새우크림 탈리아텔레를 알려드릴게요.

재료
탈리아텔레 생면(p.23 참조) 160g
굵은소금(면수용) 30g
물 3L
새우 6마리
양파 1/3개
화이트 와인 2큰술
생크림 350ml
셀러리 1줄기
바질잎 1장
파르메산치즈 1큰술
올리브유 적당량
이탤리언 파슬리 약간
소금·후춧가루 약간씩

준비
새우 머리와 꼬리, 껍질을 떼고 등을 따서 내장을 제거한다.
셀러리 줄기 부분만 송송 썬다.
양파 다진다.
바질잎 손으로 대강 뜯는다.
이탤리언 파슬리 잎만 따서 다진다.

쿠킹
1 팬에 올리브유를 두르고 양파를 갈색이 나도록 볶는다.
2 ①에 새우를 넣고 강불에 볶다가 새우가 붉어지면 화이트 와인을 넣고 알코올을 날린다.
3 ②의 새우를 건진 후, 팬에 생크림을 넣고 약불로 줄인다.
4 끓는 물에 굵은소금을 넣고 면을 삶는다. 면이 떠오르면 1분 정도 더 삶아 건진다.
5 ③에 바질, 셀러리를 넣고 소금, 후춧가루로 간한 후 저어가며 걸쭉해질 때까지 끓인다.
6 면을 넣고 중불에 1분 정도 저어가며 농도를 낸다.
7 건져둔 새우를 넣고 섞은 후 그릇에 담고 파르메산치즈와 이탤리언 파슬리를 얹어 낸다.

HARRY'S TIP 크림파스타는 되직한 농도를 내는 것이 중요해요. 강불에 끓이면 소스가 분리되고, 조리 시간이 짧으면 너무 묽어지지요. 크림소스 양이 넉넉하다 싶을 때 면을 건져 넣은 후 약불에서 중불로 바꿔 저어주세요. 그리고 레스토랑에서 먹던 크림소스의 질감을 떠올리면서 농도를 맞춰보세요.

Tagliatelle alla Bolognese

high level

pasta

볼로네제 탈리아텔레

우리에게 익숙한 미트볼 스파게티의 원조 소스가 볼로네제예요. 볼로네제(bolognése)는 이탈리아 중북부 도시 볼로냐의 형용사형이죠. 중북부 지역은 고기가 맛있어요. 피렌체의 소 '피오렌티나'와 모데나의 하얀 소도 유명하고, 중북부 토스카나와 레조 에밀리아 지방은 고기와 더불어 우유도 맛있고, 치즈도 다양해요. 재료가 좋으니 음식 문화도 발달했고요. 볼로네제소스는 라구소스라고도 부르는데, 동네마다 집집마다 레시피가 조금씩 달라요. 쇠고기와 돼지고기, 베이컨을 넣은, 제가 찾은 맛있는 볼로네제 레시피로 만든 탈리아텔레를 소개합니다.

재료
탈리아텔레 생면(p.23 참조) 140g
굵은소금(면수용) 30g
물 3L
라구소스(p.15 참조) 500g
버터 1작은술
파르메산치즈 1큰술
이탤리언 파슬리 약간

준비
이탤리언 파슬리 잎만 따서 다진다.

쿠킹
1 끓는 물에 굵은소금을 넣고 면을 삶는다.
2 팬에 라구소스를 넣고 끓이다 ①의 면과 버터를 넣고 약불에 저어가며 1분 정도 볶는다.
3 그릇에 담고 파르메산치즈와 이탤리언 파슬리를 뿌려 낸다.

HARRY'S TIP
라구소스를 만들어두면 면만 삶아 손쉽게 볼로네제 파스타를 만들 수 있어요. 탈리아텔레는 5분이면 삶아지니 라구소스가 데워지는 시간을 잘 맞춰야 면이 붇지 않아요.

Tagliatelle Verde ai Funghi Misti

middle level

pasta

모둠버섯 시금치탈리아텔레

가을이 시작될 즈음 토스카나 지역에 가면 시장, 길거리 할 것 없이 각종 버섯을 늘어놓고 팔아요. 그중에 포르치니(porcini)라는 버섯이 있는데, 저는 이 버섯이 표고버섯의 큰형쯤 된다고 생각해요. 크기도 손바닥만 하게 크고, 고소한 맛도 좋고, 향도 강해요. 요즘 국내에서도 구입할 수 있어요. 포르치니 버섯과 양송이, 느타리버섯으로 만드는 버섯 파스타, 맛없기가 좀 힘들겠죠?

재료
시금치탈리아텔레 140g
굵은소금(면수용) 30g
물 3L
포르치니 버섯(말린 것) 20g
양송이 1개
느타리버섯 10g
올리브유·파르메산치즈 1큰술씩
버터 20g
마늘 1쪽
채수(p.18 참조) 1/2컵
이탤리언 파슬리 약간
소금 약간

준비
포르치니 버섯 따뜻한 물에 불린다.
양송이 기둥을 떼고 갓 껍질을 벗긴 후 얇게 슬라이스한다.
느타리버섯 젖은 종이타월로 먼지를 털고 밑동을 자른 후 손으로 찢는다.
이탤리언 파슬리 잎만 따서 다진다.
마늘 편으로 썬다.

쿠킹
1 달군 팬에 올리브유와 버터를 넣은 후 마늘을 볶아 향을 낸다.
2 포르치니 버섯과 양송이를 넣고 소금으로 간해 볶다가 버섯이 숨 죽으면 마늘을 꺼낸다.
3 ②에 채수를 붓고 끓인다.
4 끓는 물에 굵은소금을 넣고 면을 삶는다. 면은 권장 시간보다 1분 덜 삶아 건진다.
5 ③에 면과 느타리버섯, 이탤리언 파슬리를 넣은 후 약불에 저어가며 1분 정도 섞는다.
6 그릇에 담고 파르메산치즈를 뿌려 낸다.

HARRY'S TIP
포르치니 버섯이 없으면 송화버섯을 넣어도 돼요.

Spaghetti alle Rose ai Gamberi

middle level

pasta

새우로제 스파게티

로제소스는 2001년 귀국했을 때 이탈리아에서도, 한국에서도 맛보지 못한 소스인데 어느 날부터 유행하더라고요. 부드러우면서 느끼한 생크림 맛과 상큼한 토마토소스의 조화 덕분에 서양 요리를 좋아하지 않는 사람도 즐겨 먹는 소스예요. 로제소스는 특히 새우, 연어와 잘 어울려요.

재료
스파게티 160g
굵은소금(면수용) 30g
물 3L
새우 8마리
양파 1/3개
마늘 1쪽
셀러리 1/2줄기
방울토마토 4개
홀 토마토 2/3컵
생크림 1/2컵
올리브유·파르메산치즈 1큰술씩
바질잎 약간
소금·후춧가루 약간씩

준비
새우 씻어서 등을 따고 내장을 제거한다.
양파, 마늘 다진다.
셀러리 껍질을 벗기고 얇게 채 썬다.
방울토마토 씻어서 반으로 가른다.
홀 토마토 꼭지는 따고 손으로 주물러 으깬다.
바질잎 채 썬다.

쿠킹
1 끓는 물에 굵은소금을 넣고 면을 삶는다. 면은 권장 시간보다 1분 정도 덜 삶아 건진다.
2 달군 팬에 올리브유를 두른 후 마늘과 양파를 갈색이 나도록 볶는다.
3 ②에 홀 토마토와 생크림을 넣고 잘 섞은 후 소금, 후춧가루로 간한다.
4 ③에 셀러리를 넣고 약불에 익힌다. 소스가 재료와 어우러지면서 걸쭉한 상태가 되면 간을 본다. 간이 약하면 소금을, 간이 세면 기호에 따라 생크림이나 홀 토마토를 2큰술 정도 더 넣어 간을 맞춘다.
5 ④에 면과 새우, 방울토마토를 넣고 소스와 면이 어우러지도록 섞는다.
6 그릇에 담고 바질과 파르메산치즈를 뿌려 낸다.

HARRY'S TIP
로제소스는 생크림과 홀 토마토를 1:1 비율로 만드는 것이 기본인데 기호에 따라 비율을 조절하세요. 저는 상큼한 맛을 좋아해 생크림보다 토마토를 조금 더 넣어 만들어요.

Linguine alle Vongole

middle level

pasta

바지락으로 봉골레 링귀네

유학 시절 한국에 오면 제일 먼저 찾는 곳이 냉면집이었어요. 반대로 이탈리아에 가면 봉골레 파스타를 찾아 먹었습니다. 조개 종류가 다양하지만 봉골레 파스타에는 역시 바지락이지요. 가끔 모양을 내기 위해 모시조개나 백합으로 만들기도 하는데, 바지락 특유의 짭조름한 맛이 나지 않아 아쉽더라고요. 이탈리아 해안가를 가면 봉골레 파스타를 꼭 먹어보세요. 내륙의 산동네 아시시, 페루자, 구피오가 있는 움브리아주에서 먹으면 맛이 없답니다.

재료
링귀네 160g
굵은소금(면수용) 30g
물 3L
바지락 18~20개
마늘 4쪽
물 1/2컵
올리브유·화이트 와인 2큰술씩
케이퍼 1/2큰술
이탈리언 파슬리 약간
소금·후춧가루 약간씩

준비
바지락 반나절 이상 해감한 후 씻어서 체에 밭친다.
마늘 편으로 썬다.
케이퍼 가볍게 손으로 눌러 물기를 짠다
이탈리언 파슬리 잎만 따서 다진다.

쿠킹
1 달군 팬에 올리브유를 두르고 약불에 마늘을 노르스름하게 익힌다.
2 끓는 물에 굵은소금을 넣고 면을 삶는다. 면은 권장 시간보다 1분 덜 삶아 건진다.
3 ①에 바지락을 넣고 한두 개 입이 벌어지면 화이트 와인을 넣고 강불에 알코올을 날린다.
4 물을 붓고 준비한 이탈리언 파슬리 분량의 반을 넣은 후 뚜껑을 닫고 5분 정도 익힌다.
5 ④의 바지락이 모두 입을 벌리면 바지락을 건져 그릇에 담고, 10개 정도만 살을 바른다.
6 바지락 육수를 체에 밭쳐 팬에 다시 붓고, 간을 보아 싱거우면 소금을, 짜면 물을 넣어 간을 맞춘 후 팔팔 끓인다.
7 ⑥에 면과 케이퍼, 바지락 살을 넣은 후 중불에 저어가며 1분 정도 익힌다.
8 그릇에 담고 바지락을 모양 내어 올린 후 올리브유를 살짝 두르고 나머지 이탈리언 파슬리, 후춧가루를 뿌려 낸다.

HARRY'S TIP
봉골레 파스타는 알리오올리오만큼이나 팬을 위아래로 흔들어주는 만테카레를 많이 해야 더 맛있어요.

Spaghetti ai Frutti di Mare

high level

pasta

해산물 스파게티

각종 해산물을 넣어 만든 이 스파게티는 맛이 없을 수 없어요. 해산물 스파게티를 이탈리아어로 푸루티 디 마레(Frutti di Mare), 즉 '바다의 과일'이라고 부르는데, 해산물을 과일이라고 부른 이탈리아 사람들의 엉뚱함이 재밌지 않나요?

재료
스파게티 160g
굵은소금(면수용) 30g
물 3L
새우 8마리
주꾸미(또는 오징어) 4마리
방울토마토 10개
조개 육수 1/2컵
마늘 2쪽
소금·후춧가루 약간씩

조개 육수
양파 1/5개
홍합 26개
바지락 12개
화이트 와인 2큰술
물 2컵
올리브유·이탤리언 파슬리 약간씩

준비
새우 씻어서 껍질을 벗기고 등을 따서 내장을 제거한다.
홍합, 바지락 반나절 이상 해감한 후 씻어서 체에 밭친다.
주꾸미 내장을 꺼내고 2cm 길이로 자른다.
방울토마토 반으로 가른다.
마늘, 이탤리언 파슬리, 양파 다진다.

쿠킹
1 끓는 물에 굵은소금을 넣고 면을 삶는다. 면은 권장 시간보다 1분 덜 삶아 건진다.
2 냄비에 올리브유를 두르고 다진 양파를 갈색이 나도록 볶는다.
3 ②에 홍합과 바지락을 넣고 화이트 와인 2큰술, 물, 이탤리언 파슬리를 넣고 뚜껑을 덮은 채 팔팔 끓여 조개 육수를 만든다.
4 ③에서 홍합과 바지락을 건진다.
5 팬에 올리브유를 두르고 나머지 마늘을 넣고 볶아 향을 내다가 새우와 주꾸미, 방울토마토를 넣은 후 ③의 조개 육수 2분의 1컵을 부어 약불에 10분 정도 끓인다.
6 이탤리언 파슬리 분량의 반과 소금, 후춧가루를 넣고 끓이다 소스가 조금 걸쭉해지면 면을 넣고 1분 정도 더 끓이면서 버무린다.
7 그릇에 담고 ④를 올린 후 올리브유를 살짝 두르고 나머지 이탤리언 파슬리를 뿌려 낸다.

Cannelloni

middle level

pasta

리코타치즈 시금치 칸넬로니

칸넬로니(cannelloni)는 원통 모양이라는 뜻이에요. 생면을 라자냐처럼 자른 후 겹치는 대신 돌돌 말아 오븐에 구운 것이 칸넬로니지요. 라구소스를 넣은 후 말아 베샤멜소스를 얹어 구워 먹는 것은 로마 스타일, 리코타치즈와 시금치를 넣은 것은 중북부 스타일이에요. 여기서는 시금치 칸넬로니를 소개합니다.

재료
칸넬로니 생면(p.24 참조) 12개
베샤멜소스(p.17 참조) 600g
시금치 300g
리코타치즈 250g
달걀 1개
올리브유 약간
소금·후춧가루 약간씩

준비
시금치 뿌리를 다듬고 씻어 잘게 다진다.
리코타치즈 실온에 두어 부드럽게 한다.

쿠킹
1 볼에 시금치와 리코타치즈를 넣고 포크로 으깨가며 섞는다.
2 ①에 달걀을 넣고 소금, 후춧가루로 간해 버무린다.
3 생면 반죽을 밀어 가로세로 10cm 크기의 정사각형으로 자른 후 ②의 소를 올리고 돌돌 만다.
4 오븐 그릇에 올리브유를 바르고 ③을 담은 후 베샤멜소스를 듬뿍 올려 180℃로 예열한 오븐에 20분간 구워 낸다.

Risotto Zafferano con Gamberoni

왕새우구이 사프란리조또

수산시장을 돌아다니다 좋은 식재료를 보면 마음이 들썩거려요. 큰 생선은 손질이 부담돼 마음을 접곤 하지만, 껍질째 구워 먹어도 되는 큰 새우는 겁나지 않죠. 손님상이라면 새우를 그냥 구워 내기보다 왕새우와 사프란을 이용해 리조또를 만들어보세요. 색도 예쁘고, 폼도 나고, 맛도 좋아요.

재료
왕새우 6마리
마늘 2쪽
양파 1/3개
사프란 1작은술(5g)
버터 40g
이탈리아 쌀 180g(한국 쌀 200g)
파르메산치즈 2큰술
물 1300ml
올리브유 2큰술
이탤리언 파슬리 약간
소금·후춧가루 약간씩

준비
쌀 이탈리아 쌀은 씻지 않고, 한국 쌀은 한 번만 가볍게 씻어 체에 밭친다.
왕새우 씻어서 몸통 부분만 껍질을 벗기고 등을 따서 내장을 제거한다.
마늘, 양파 다진다.
이탤리언 파슬리 잎만 따서 굵게 다진다.

쿠킹
1 달군 팬에 올리브유를 두르고 마늘과 양파를 볶다가 왕새우를 넣고 앞뒤로 살짝 구워 소금, 후춧가루로 간한다.
2 냄비에 물을 넣고 팔팔 끓으면 쌀과 버터를 넣고 소금으로 간한 후 중불에 15분 정도 끓인다.
3 ②의 물이 반으로 줄어 뻑뻑해지면 사프란을 풀고, 파르메산치즈를 넣고 잘 젓는다.
4 끈적거릴 정도의 농도가 되면 접시에 리조또를 담고 그릇 밑바닥을 탁탁 쳐서 펼친다. 넓게 펼쳐 담아야 잔열로 쌀이 익는 것을 방지할 수 있다.
5 ①의 왕새우를 얹은 후 올리브유를 살짝 두르고 이탤리언 파슬리를 뿌려 낸다.

HARRY'S TIP 리조또는 옴폭한 그릇에 담으면 먹는 동안 쌀이 익기 때문에 넓은 그릇에 펼쳐 담아요.

Risotto ai Gamberi e Rose

middle level

risotto

딱새우로제리조또

리조또에 딱새우를 넣으니 이탈리아 현지에서 맛본 새우 리조또 맛이 나더라고요. 제주 특산물인 딱새우로 만든 고소한 로제소스 리조또를 만들어보세요.

재료
딱새우 12마리
양파 1/5개
이탈리아 쌀 180g(한국 쌀 200g)
화이트 와인 2큰술
생크림 300ml
토마토소스(p.14 참조) 240g
파르메산치즈 2큰술
올리브유 2큰술
이탤리언 파슬리 약간
소금·후춧가루 약간씩

조개 육수
양파 1/5개
바지락 20개
화이트 와인 2큰술
물 2컵
올리브유·이탤리언 파슬리 약간씩

준비
쌀 이탈리아 쌀은 씻지 않고, 한국 쌀은 한 번만 가볍게 씻어 체에 밭친다.
양파 다진다.
딱새우 반은 껍질을 벗기고, 나머지 반은 통째로 둔다.
바지락 반나절 이상 해감한 후 씻어서 체에 밭친다.
이탤리언 파슬리 잎만 따서 다진다.

쿠킹
1 달군 팬에 올리브유를 두르고 양파를 갈색이 나도록 볶다가 딱새우를 넣고 강불에 볶는다.
2 새우가 붉어지면 화이트 와인 1큰술을 넣고 강불로 알코올을 날린 후 새우만 건진다.
3 냄비에 올리브유를 두르고 양파를 갈색이 나도록 볶는다.
4 ③에 바지락을 넣고 한두 개 입을 벌리면 화이트 와인 2큰술과 물, 이탤리언 파슬리를 넣고 뚜껑을 닫아 강불에 15분 정도 끓인다.
5 ④를 체에 걸러 육수는 따로 두고, 바지락 살은 바른다.
6 ②에 쌀과 화이트 와인 1큰술을 넣고 볶다가 조개 육수를 부은 후 중불에 10분 정도 익힌다.
7 토마토소스와 생크림을 넣고 불을 줄여 걸쭉해질 때까지 젓는다. 소금, 후춧가루로 간한다.
8 쌀이 거의 익으면 새우와 바지락 살을 넣고 강불에 한소끔 끓인다.
9 넓은 그릇에 리조또를 담고 파르메산치즈, 이탤리언 파슬리를 뿌려 낸다.

HARRY'S TIP 딱새우는 특유의 고소한 맛이 로제소스와 잘 어울려요. 조개 육수를 내는 것이 번거롭다면 채수를 넣고, 대신 딱새우의 양을 늘리세요

Bistecca alla Griglia

middle level

main

스테이크를 부르는 말
비스테카

'피오렌티나 비스테카', 피렌체의 스테이크. 피오렌티나(fiorentina)는 '피렌체 지방의', '피렌체 사람의'라는 뜻이고, 이탈리아에서는 스테이크를 '비스테카(bistecca)'라고 불러요. 영국인들이 말하는 '비프 스테이크'를 잘못 알아듣고 비스테카라고 부르게 되었대요. 피렌체는 이탈리아 최고의 쇠고기 산지예요. 그래서 피렌체에 가면 꼭 스테이크를 먹어요. 넷플릭스에 나온 체키니(Cecchini) 셰프의 정육 식당도 피렌체의 명소예요. 스테이크는 그릴에 구워야 제맛인데, 팬을 확실히 달군 후 굽는 것이 고기 맛을 제대로 즐기는 비법이지요.

재료
등심(두께 3cm) 200g
마늘 2쪽
단호박 3쪽
시금치살타토(p.58 참조) 적당량
올리브유 1 1/2큰술
버터 40g
레몬 1/5쪽
로즈메리 약간
소금·후춧가루 약간씩

준비
<u>등심</u> 소금, 후춧가루로 간해 실온에 30분 정도 둔다.
<u>단호박</u> 0.5cm 두께의 반달 모양으로 자른다.
<u>마늘</u> 반으로 가른다.

쿠킹
1 달군 팬에 올리브유 1큰술을 두르고 단호박을 약불에 10분간 앞뒤로 굽는다.
2 그릴 팬을 중불로 10분 정도 달군다.
3 ②에 등심을 올려 3분 정도 굽다가 마늘과 로즈메리, 나머지 올리브유, 버터를 넣는다.
4 버터가 등심 밑으로 흘러 들어가면 등심을 뒤집은 후 3분 정도 굽는다.
5 접시에 담고 시금치살타토와 단호박, 레몬을 곁들여 낸다.

HARRY'S TIP
고기를 구울 때 제일 중요한 것은 고기 자체의 온도예요. 냉장육을 실온에 30분 정도 두는 것이 제일 좋답니다. 팬을 충분히 달군 후에 고기를 올려야 들러붙지 않아요. 고기를 뒤집다가 살이 떨어지는 것은 팬을 덜 달궜기 때문이에요. 또 쇠고기는 구울 때 한두 번만 뒤집어야 맛있어요.

Agnello con Senape

이탈리아식 씨겨자양갈비구이

유럽 전역에서 양고기 요리를 즐기지만 터키나 그리스의 양고기 요리가 알려져 있지요. 양고기 레시피는 닭고기와 비슷한 경우가 많아요. 실패 확률이 적은 이탈리아 양갈비구이를 알려드릴게요.

재료
양갈비 프렌치랙 4개
로즈메리 2줄기
마늘·생강 2쪽씩
녹색 후추(병조림) 1큰술
브랜디 1큰술
어린잎 한 줌
씨겨자 1작은술
이수부 식초(또는 레몬즙) 1큰술
올리브유 2큰술
버터 약간
소금·후춧가루 약간씩

준비
양갈비 붙어 있는 갈비는 하나씩 떼어낸 후 소금, 후춧가루로 간한다.
마늘, 생강 편으로 썬다.
녹색 후추 살짝 으깬다.
어린잎 씻어 체에 밭친다.

쿠킹
1 달군 팬에 올리브유를 두르고 마늘과 생강을 넣고 향을 낸 후 꺼낸다.
2 ①에 버터와 로즈메리를 넣고 향을 낸 후 양갈비를 한쪽 면만 익힌다.
3 브랜디를 넣고 양갈비를 뒤집어 갈색이 나게 굽는다.
4 양갈비 양쪽 면에 녹색 후추를 바른 후 오븐 팬에 담아 포일로 덮고 180℃로 예열한 오븐에 10분간 익힌다.
5 볼에 어린잎을 담고 올리브유, 씨겨자, 식초를 넣어 버무린다.
6 그릇에 샐러드를 담고 오븐에서 꺼낸 양갈비를 올려 낸다.

HARRY'S TIP
양갈비를 오븐에서 한 번 더 익히므로 팬에서는 갈색이 날 정도로만 구워요. 오븐이 없다면 1차로 팬에 구운 후 뚜껑을 덮고 약불에 10분간 익히세요. 그런 다음 뚜껑을 열고 2분 정도 강불로 수분을 날리고 그릇에 담아 냅니다.

Maiale con la Birra Nera

middle level

main

매시트포테이토를 곁들인
흑맥주목살찜

요리를 하다 보니 나라마다 비슷한 음식이 있더라고요. 맥주삼겹살찜도 그중 하나예요. 벨기에 요리로 알려져 있는데 이탈리아에도 비슷한 음식이 있어요. 쌉싸래한 흑맥주로 오래 조리한 목살찜 맛은 기가 막혀요.

재료(4인분)
돼지고기 목살 800g
흑맥주 1캔(300ml)
양파 1개
흑설탕 1큰술
레드 와인 1/2컵
밀가루·로즈메리·올리브유 약간씩
소금·후춧가루 약간씩

매시트포테이토
감자 2개
버터 20g
생크림 100ml
소금 약간

준비
돼지고기 목살 손바닥 절반 크기, 4cm 두께로 잘라 소금, 후춧가루로 간한다.
양파 동그란 모양을 살려 슬라이스한다.
감자 소금을 넣고 껍질째 삶은 후 껍질을 벗긴다.

쿠킹
1 돼지고기 목살에 밀가루를 묻혀 달군 팬에 올리브유를 두르고 갈색이 나도록 굽는다.
2 고기를 꺼내고 양파를 볶다가 숨이 죽으면 설탕을 넣고 볶는다.
3 고기를 다시 넣고 흑맥주와 레드 와인을 부어 강불에 알코올을 날린 후 로즈메리를 넣고 소금, 후춧가루로 간한다.
4 뚜껑을 덮고 약불에 2시간 정도 뭉근히 익힌다. 중간중간 거품을 걷는다.
5 삶은 감자를 따뜻할 때 으깬 후 믹서에 감자, 생크림, 버터, 소금을 넣고 돌려 매시트포테이토를 만든다.
6 ⑤를 접시에 펴 담고 ④의 고기를 올려 낸다.

HARRY'S TIP
담백한 맛을 원한다면 조리 후 하루 정도 두었다가 굳은 기름을 걷어내고 데워 드세요. 목살이 아니라 삼겹살을 쓰면 기름을 더 많이 걷어내야 하지만 부드러운 육질을 즐길 수 있어요.

Orata al cartoccio

쉽고 폼 나는
도미오븐구이

이렇게 쉽고 폼 나는 요리가 또 있을까 싶은 메뉴입니다. 유산지나 포일만 있으면 누구나 할 수 있어요. 보통은 도미로 만들지만 흰 살 생선이라면 뭐든 좋아요. 담백하고 건강한 요리여서 어르신이나 위가 약한 분에게 추천합니다.

재료
도미 1마리(1kg)
새우(큰 것) 3마리
가리비 3개
감자 1개
방울토마토 6개
레몬 1개
마늘 2쪽
올리브유 3큰술
바질잎 약간
버터 3큰술
소금·후춧가루 약간씩

준비
도미 3장 포뜨기로 살만 바른다.
새우 머리와 꼬리를 뗀 후 씻어 체에 받친다. 모양을 내려면 통째 써도 된다.
가리비 껍질에 붙은 이물질을 제거하고 반나절 이상 해감한다.
감자 찬물에 넣어 90% 정도 삶은 후 껍질을 벗기고 도톰하게 썬다.
레몬 반은 껍질을 제스트한 후 얇게 슬라이스하고, 나머지 반은 즙을 짠다.
방울토마토 반으로 가른다.
마늘 다진다.
바질잎 굵게 채 썬다.

쿠킹
1 도미는 소금, 후춧가루로 간한 후 팬에 올리브유 1큰술을 두르고 겉만 살짝 굽는다.
2 커다란 오븐 팬에 유산지를 두 장 겹쳐 깔고 올리브유를 1/2큰술 뿌린 후 감자를 겹쳐 깔고 소금을 뿌려 간한다.
3 도미를 올리고 마늘과 소금을 도미 위에 적당히 뿌린다.
4 새우와 방울토마토를 올린 후 소금으로 간하고 올리브유 1/2큰술을 뿌린다.
5 양쪽에 가리비를 놓고, 버터를 세 군데 정도 툭툭 올린 후 레몬을 놓고 바질잎과 레몬제스트를 뿌린다. 올리브유 1큰술을 두르고 레몬즙을 뿌린다. 신맛을 좋아하지 않으면 레몬즙을 생략해도 된다.
6 유산지로 덮은 후 양끝을 모아 오므린다. 180℃로 예열한 오븐에 20분간 익힌다.
7 유산지째 꺼내 큰 접시에 올린 후 먹기 직전에 종이 가운데를 벌려 낸다.

HARRY'S TIP
감자는 푹 삶으면 모양이 으스러져요. 젓가락으로 찔러 약간 힘들게 들어갈 정도로만 삶으세요.

PART 4

이탈리아 현지의 맛을 찾아서

10여 년간 이탈리아 농가와
각지의 셰프들에게 배운 음식

제주도에 살 때 조그마한 귤밭을 마련했어요.
요리를 하고, 어설프게 농사도 지으면서 이탈리아의
아그리투리즘(Agritourismo)의 향수에 젖었지요.
아그리투리즘은 농업과 관광을 합한 말로 '농가 숙박'이라는
뜻이에요. 이탈리아 농촌이 경쟁력을 잃어 농부들이
농장을 떠나자 국가가 농가를 살리기 위한 정책적 지원을
시작했는데, 이 여행 프로그램은 특히 지친 도시인에게
매력적이었죠. 평화로운 시골에 머물며 지역 농산물로 만든
건강한 음식을 먹을 수 있는 휴식 시간. 저 역시 이탈리아에
살 때부터 그 매력에 빠져 지금도 매년 아그리투리즘을
계획한답니다.
제가 요리책을 내고자 마음먹은 계기도 아그리투리즘에
있어요. 패스트푸드가 발달할수록 가족 간 대화가 줄고
빨리 배를 채우는 식습관이 자리 잡는 것이 안타까웠거든요.
농가에서 맛보는 슬로푸드에는 손수 만든 음식을 가족이
둘러앉아 나누는 정이 깃들어 있어요. 우리도 그렇게
살아왔는데 어느 순간 바쁘다는 이유로 간편식만 찾게
되었잖아요. 이탈리아에 가서 농가 음식부터 미슐랭 셰프의
메뉴까지 맛보는 시간이 지금 제 삶의 큰 활력소예요. 이번
파트에서는 이탈리아 현지에서 배운 건강하고 새로운
레시피를 모았습니다.

Sformatino con Formaggi

midle level

appetizer

치즈 넣은 수플레

요리 용어는 프랑스어로 된 것이 많아요. 수플레도 '부푼다'는 뜻의 프랑스어입니다. 수플레는 달걀흰자를 거품 내 부드럽게 즐기는 요리인데 커피나 초콜릿 등을 넣어 디저트로도 먹어요. 여기서는 애피타이저로 먹기 좋은 치즈를 넣은 수플레를 알려드릴게요. 짭짤한 치즈와 햄이 입맛을 돋워요.

재료
버터 30g
밀가루 30g
우유 180m
달걀노른자 1개
달걀흰자(중란) 5개(150g)
햄 80g
그뤼에르치즈 50g
너트메그·올리브유 약간씩
소금·후춧가루 약간씩

준비
버터 실온에 꺼내두어 부드럽게 한다.
햄 가로세로 0.5cm 크기로 깍둑썰기한다.
달걀 노른자와 흰자를 분리하고, 흰자는 휘핑한다.
그뤼에르치즈 그레이터에 간다.

쿠킹
1 냄비에 버터를 두르고 밀가루를 볶아 루(roux)를 만든다.
2 따뜻하게 데운 우유를 ①에 조금씩 부어가며 거품기로 계속 젓는다.
3 너트메그를 넣고 소금, 후춧가루로 간해 베샤멜소스를 만든다.
4 ③에 그뤼에르치즈와 달걀노른자, 햄을 넣고 잘 젓는다.
5 ④에 달걀흰자를 넣고 한쪽 방향으로 조심스럽게 젓는다.
6 오븐 팬에 올리브유를 두른 후 종이타월로 문질러 팬을 코팅한다.
7 ⑤를 붓고 표면을 평평하게 만든 후 170℃로 예열한 오븐에서 30분간 굽는다.
8 오븐에서 꺼내 그뤼에르치즈를 뿌려 낸다.

HARRY'S TIP 수플레를 만드는 도중에 절대 오븐을 열지 마세요. 중간에 문을 열면 온도가 내려가 도톰하게 부풀던 수플레가 푹 꺼져버린답니다.

Taboule Orzo

midle level
appetizer

구수한 보리타불레

타불레는 중동 지방에서 먹는 불거(bulgur)라는 밀을 이용한 샐러드예요. 이탈리아에서도 도전적인 젊은 셰프와 건강식을 선호하는 슬로푸드 셰프가 즐겨 만드는 샐러드죠. 4년 전 아그리투리즘 여행 때 라벤나의 조르쟈 선생님에게 보리 타불레 만드는 법을 배웠는데, 이후 제 쿠킹 클래스에 꼭 넣는 인기 메뉴가 되었어요. 여름이면 구수한 보리밥에 된장찌개를 먹고 싶어 하는 엄마처럼, 보리타불레가 생각나요.

재료
보리 300g
굵은소금 1 1/2큰술
물 2L
방울토마토 10개
주키니 1/2개
안초비 6마리
올리브유 5큰술
바질잎 약간
소금·후춧가루 약간씩

준비
보리 6시간 정도 물에 불린 후 체에 받친다.
방울토마토 세로로 4등분해 씨를 제거하고 가로세로 0.5cm 크기로 썬다.
주키니 방울토마토와 같은 크기로 썬다.
안초비 다진다.
바질잎 채 썬다.

쿠킹
1 물에 굵은소금을 푼 다음 보리를 넣고 30분간 삶아 건진다.
2 냄비에 올리브유 4큰술을 두르고 안초비를 강불에 살짝 볶는다.
3 주키니를 넣어 볶는다.
4 ①의 보리를 넣고 소금, 후춧가루로 간한 후 중불에 5분간 볶는다.
5 볼에 담고 방울토마토와 바질, 올리브유 1큰술을 넣은 후 잘 섞어 접시에 담아 낸다.

Insalata di Polpi

midle level

appetizer

사르르 녹는 문어샐러드

이탈리아의 문어샐러드는 우리나라의 쫄깃한 문어숙회와 달리 입안에서 사르르 녹는 부드러움이 매력이에요. 저는 와인 마케터인 이탈리아 친구 줄리아의 스페인 남자친구에게 문어샐러드를 배웠어요. 꼬치꼬치 물어가며 비법을 찾아냈죠.

재료
문어 1마리(1.5kg)
물 1.5 L
셀러리·이탈리언 파슬리 1줄기씩
양파 1/2개
화이트 와인 1/2컵
감자 1개
방울토마토 8개
엑스트라 버진 올리브유 2큰술
다진 이탈리언 파슬리·파프리카 가루 약간씩
소금·후춧가루 약간씩

준비
<u>문어</u> 내장과 눈을 제거하고 흐르는 물에 깨끗이 씻어 물기를 닦는다.
<u>감자</u> 껍질째 소금물에 넣어 12분간 삶는다. 젓가락으로 찔러 푹 들어갈 때까지 삶은 후 가로세로 1cm 크기로 깍둑썰기한다.
<u>방울토마토</u> 씻어서 반으로 가른다.

쿠킹
1 끓는 물에 문어, 셀러리, 양파, 이탈리언 파슬리, 화이트 와인을 넣어 40분간 삶는다. 젓가락으로 가장 두꺼운 부분을 찔러 푹 들어가면 불을 끄고 2시간 정도 그대로 둔다.
2 감자는 엑스트라 버진 올리브유 1큰술, 소금, 후춧가루를 섞어 잘 버무린다.
3 ①의 문어를 꺼내 다리 3개는 그대로 두고, 나머지 다리는 2cm 크기로 썰어 엑스트라 버진 올리브유 1큰술, 소금, 후춧가루를 넣어 잘 버무린다. 문어 다리 3개는 두었다가 구이를 만든다.(아래 참조)
4 접시에 감자, 문어, 방울토마토를 어우러지게 담는다.
5 엑스트라 버진 올리브유를 살짝 두르고 다진 이탈리언 파슬리, 파프리카 가루를 뿌려 낸다.

HARRY'S TIP 문어의 식감을 부드럽게 하는 비법은 삶은 후 건지지 않고 그대로 식히는 것이에요. 남겨둔 문어 다리는 밀봉해 냉동 보관했다가 자연 해동해 쓰세요. 전자레인지로 해동하면 딱딱해진답니다.

문어구이
문어구이는 몸통보다 다리로 만들어야 맛있어요. 문어샐러드를 만들 때 남겨둔 문어 다리로 구이를 만들어보세요. 팬에 버터를 두르고 삶은 문어 다리를 앞뒤로 노릇하게 구워 소금, 후춧가루로 간하면 완성돼요.

Panzanella

basic level ●○○

appetizer

딱딱해진 빵 살리기
판짜넬라

우리에게 찬밥이 골칫거리이듯 이탈리아 사람들에게는 딱딱해진 빵이 고민거리예요. 그래서 굳은 빵을 이용한 요리가 많은데, 특히 토스카나 지역의 판짜넬라 샐러드가 유명합니다. 예전에는 서민들이 배를 채우기 위해 먹었지만 요즘에는 채식 샐러드로 인기가 좋아요.

재료
굳은 빵 140g(바게트 1/2개 분량)
방울토마토 10개
빨간 파프리카·노란 파프리카·오이 1/2개씩
적양파 1/3개
바질잎 6장
올리브유 2큰술
레몬즙 1큰술
이탤리언 파슬리 약간
소금·후춧가루 약간씩

준비
빵 가로세로 1cm 크기로 썬다.
방울토마토 씻어서 세로로 4등분한다.
빨간 파프리카, 노란 파프리카, 적양파 가로세로 0.5cm 크기로 깍둑썰기한다.
오이 돌려 깎은 후 씨를 제거하고 가로세로 0.5cm 크기로 깍둑썰기한다.
이탤리언 파슬리 잎만 따서 다진다.
바질잎 채 썬다.

쿠킹
1 굳은 빵은 오븐이나 팬에 갈색이 나도록 굽는다.
2 볼에 방울토마토, 파프리카, 적양파, 오이, 빵을 넣고 소금, 후춧가루로 간한 후 올리브유를 뿌린다.
3 ②에 바질과 이탤리언 파슬리를 넣어 섞는다.
4 레몬즙을 뿌리고 그릇에 담아 낸다.

HARRY'S TIP
빵을 오븐에 굽는 대신 우유나 물에 20분 정도 담갔다가 손으로 꾹 짜서 넣는 방법도 있어요.

Panzerotti

high level

appetizer

군만두 비슷한
판체로티

판체로티는 피자를 반으로 접어 튀긴 메뉴라고 생각하면 됩니다. 크게 만들어 튀기면 칼초네가 되죠. 판체로티는 밀라노에서 유명해요. 나폴리에서는 길거리에서도 맛있는 피자를 먹을 수 있지만 밀라노에서는 정통 나폴리 피제리아(pizzeria)를 찾아가지 않으면 맛있는 피자를 만나기 쉽지 않아요. 대신 밀라노 사람들은 "밀라노에는 판체로티가 있어!"라고 말하죠. 판체로티는 집에서 만들기도 쉽고, 피자보다 실패 확률도 적어요. 피자는 고온에서 구워야 제맛이지만 판체로티는 튀기는 요리니까 맛있을 수밖에요.

재료

중력분 500g
물 300ml
소금 1큰술
이스트 10g
올리브유 2큰술
토마토소스 1컵
모차렐라치즈 250g
방울토마토 12개
바질잎 6장
소금·후춧가루 약간씩
식용유(튀김용) 적당량

준비

모차렐라치즈 잘게 다진다.
방울토마토 씻어서 세로로 8등분한 후 씨를 제거한다.
토마토소스 소금과 후춧가루로 간한다.
바질잎 굵게 채 썬다.

쿠킹

1 반죽기에 물, 이스트 순으로 넣은 후 중력분을 조금씩 부어가며 반죽한다.
2 올리브유를 넣고 8분간 반죽하다 소금을 넣고 5분간 더 반죽한다.
3 면포나 랩으로 덮어 30분간 냉장고에서 발효시킨다.(1차 발효)
4 ③의 반죽을 손으로 몇 번 치대 50g씩 나눠 동그란 모양으로 만든 후 면포를 덮어 2시간 정도 실온에 둔다.(2차 발효)
5 ④를 손으로 동그랗고 편 후 밀대를 이용해 피자 도(dough)처럼 0.5cm 두께의 둥근 모양으로 넓게 편다.
6 ⑤에 토마토소스를 바르고 모차렐라치즈와 방울토마토를 적당히 올린 다음 바질잎을 얹고 반으로 접는다. 가장자리는 손으로 누른 후 포크로 모양을 낸다.
7 160℃로 예열한 식용유에 튀긴 후 종이타월에 올려 기름을 뺀 후 낸다. 아라비아타 소스를 곁들여도 좋다.

HARRY'S TIP 토핑한 반죽을 반으로 접을 때 만두를 만들 때처럼 가장자리를 손으로 꼭꼭 눌러주세요. 그래야 튀겼을 때 모양이 깔끔해요.

Arancini

midle level

appetizer

오렌지라는 뜻
아란치니

시칠리아에는 오렌지가 많이 나요. 아란치니는 오렌지라는 뜻의 이탈리아어예요. 두 달간 시칠리아 여행을 할 때 만난 레 루미에(Le Lumie) 레스토랑의 엠마누엘레 오너 셰프가 만든 정통 시칠리아 요리를 맛봤어요. 로마에서 즐겨 먹던 튀긴 주먹밥 요리가 시칠리아에서 왔다는 것도 알게 되었고요. 아란치니는 리조또를 만든 후 모차렐라치즈를 가득 넣어 튀긴 주먹밥이에요. 한 끼 식사로도 충분하고, 도시락 메뉴로도 좋아요. 동글동글 사랑스러운 모양에 아이들도 엄지를 치켜들더라고요.

재료

쌀 2컵
다진 양파 1큰술
화이트 와인 40ml
채수(p.18 참조) 4컵
라구소스(p.15 참조) 250g
모차렐라치즈 125g
올리브유 2큰술
밀가루 1컵
달걀 4개
빵가루 2컵
식용유(튀김용) 적당량

준비

쌀 흐르는 물에 살짝 씻어 체에 밭친다.
달걀 잘 푼다.
모차렐라치즈 가로세로 0.5 cm 크기로 깍둑썰기한다.

쿠킹

1 팬에 올리브유를 두르고 다진 양파를 볶는다.
2 ①에 쌀을 넣고 반투명해질 때까지 볶다가 화이트 와인을 부은 후 강불에 알코올을 날린다.
3 ②에 채수를 세 번에 나눠 부어가며 계속 저어 익힌다.
4 쌀이 알덴테가 되면 라구소스를 넣고 물기가 없어질 때까지 볶아 넓은 그릇에 펼쳐 식힌다.
5 ④를 주먹만 한 크기로 동그랗게 빚은 후 가운데에 모차렐라치즈를 3~4조각 넣는다.
6 밀가루, 달걀, 빵가루 순으로 튀김옷을 입혀 170℃로 예열한 식용유에 튀겨 낸다.

HARRY'S TIP
아란치니에 매콤한 아라비아타소스나 고르곤졸라 크림소스를 곁들여도 돼요.

Tartar al Manzo

middle level
appetizer

미슐랭 셰프의 레시피
쇠고기타르타르

타르타르는 프랑스에서 즐겨 먹는 고급 애피타이저예요. 이 레시피는 슬로푸드 도시 모데나의 미슐랭 레스토랑 레르바 델 레의 루카 셰프에게 배운 것인데 너무 맛있어서 꼭 소개하고 싶어요. 그가 사용한 스카퀘로네치즈는 구하기 쉽지 않아 대신 그릭 요구르트를 사용한 홈메이드식으로 바꿨어요.

재료(4인분)
쇠고기 우둔살(육회용) 350g
그릭 요구르트 30g
민트잎 10장
레몬 1/2개
케이퍼 8알

소스
올리브유 1큰술
다진 케이퍼 1큰술
홀그레인 머스터드 10g
소금·후춧가루 약간씩

준비
쇠고기 곱게 다진다.
레몬 세로로 4등분한 후 한 쪽만 즙을 낸다.

쿠킹
1 분량의 재료를 핸드 믹서로 갈아 소스를 만든다.
2 쇠고기에 ①을 넣고 손으로 주물러 양념이 고루 배어들게 한다.
3 그릇에 보기 좋게 담고 짜주머니를 이용해 그릭 요구르트를 군데군데 놓는다. 케이퍼와 민트잎을 올리고 레몬즙을 뿌린다. 레몬 조각을 곁들여 낸다.

HARRY'S TIP 타르타르를 만들 때는 다진 쇠고기를 쓰는 것보다 덩어리째 구입해 칼로 다져야 식감이 더 좋아요.

Cozze alla Marinara

basic level

appetizer

홍합와인찜

이탈리아는 반도 국가여서 서쪽으로는 티레니아해, 동쪽으로는 아드리아해를 접하고 있어요. 그래서 홍합찜은 봉골레 파스타와 함께 흔하디흔한 이탈리아 음식이에요. 이탈리아 사람들은 홍합와인찜을 입맛을 돋우는 애피타이저로 먹어요. 양이 많아 보이지만 껍질을 빼면 식사나 메인 요리로 부족한 감이 있기 때문이에요. 우리나라에서도 쉽게 맛볼 수 있는 홍합크림와인찜은 프랑스 노르망디나 벨기에 사람들이 즐겨 먹고, 이탈리아에서는 올리브유와 와인을 넣어 만들어요.

재료
홍합 500g
마늘 2쪽
방울토마토 8개
다진 이탤리언 파슬리 1/2큰술
이탤리언 파슬리 1줄기
올리브유 1큰술
버터 10g
화이트 와인 1/3컵
물 1/2컵
후춧가루 약간

준비
홍합 수염(족사)을 떼어낸 다음 흐르는 물에 씻는다.
방울토마토 씻어서 반으로 가른다.
마늘 편으로 썬다.

쿠킹
1 달군 팬에 올리브유를 두르고 마늘이 갈색이 나도록 굽는다.
2 ①에 홍합을 넣고 2~3개 정도 입을 벌리면 화이트 와인을 부은 후 강불에 알코올을 날린다.
3 물을 붓고 다진 파슬리 1/2큰술과 방울토마토를 넣은 후 뚜껑을 닫아 강불에 5분간 끓인다.
4 홍합이 전부 입을 벌리면 버터를 넣고 잘 젓는다.
5 그릇에 담은 후 이탤리언 파슬리를 올리고, 후춧가루를 뿌려 낸다.

HARRY'S TIP 이탈리아에는 국물을 떠 먹는 식문화가 없어 홍합 육수를 적게 내고, 국물이 짜다 싶을 만큼 간을 세게 맞춰요. 홍합 상태에 따라 같은 양의 소금을 쓰더라도 짜거나 싱거울 수 있는데, 버터를 넣기 전에 국물 맛을 보고 싱거우면 소금을, 짜면 물을 더 부어 끓이세요. 국물은 떠 먹기보다 바게트에 찍어 먹으면 좋아요.

Spaghetti all'acciughe e Calamari

midle level

pasta

안초비오징어 스파게티

안초비는 아츄게(acciughe)라는 멸치로 만든 절임이에요. 향이 강해 싫어하는 사람도 있지만 맛을 들이면 특유의 감칠맛이 자꾸 생각나는 식재료지요. 특히 고등어나 오징어 등의 해산물과 만나면 감칠맛이 더 좋아져요.

재료
스파게티 160g
굵은소금(면수용) 30g
물 3L
오징어 1/2마리
안초비 1마리
마늘 4쪽
이탤리언 파슬리 2줄기
올리브유 4큰술
페페론치노 2개
물 1/3컵

준비
오징어 깨끗이 씻어 몸통은 동그란 모양을 살려 썰고 다리는 다진다.
안초비 다진다.
마늘, 이탤리언 파슬리 다진다.

쿠킹
1 끓는 물에 굵은소금을 넣고 면을 삶는다. 면은 권장 시간보다 1분 덜 삶아 건진다.
2 달군 팬에 올리브유를 두르고 마늘을 볶아 향을 낸다. 마늘이 노르스름해지면 오징어 다리와 안초비를 넣는다.
3 ②에 물을 붓고 팔팔 끓으면 이탤리언 파슬리와 페페론치노를 넣고 2분 후 중불로 낮추고 간을 본 다음 뚜껑을 닫고 불을 끈다. 이때 토핑용 이탤리언 파슬리를 조금 남긴다.
4 면과 오징어 몸통을 넣고 물이 조금 남을 때까지 강불로 볶는다.
5 소스가 잘 어우러지면 면을 건져 그릇에 담고 오징어를 보기 좋게 올린 후 이탤리언 파슬리를 뿌려 낸다.

HARRY'S TIP
안초비는 짠맛이 강해 따로 소금 간을 하지 않아요. 기호에 따라 후춧가루를 넣어도 돼요.

Tagliatelle ai Tartufi

high level

 pasta

송로버섯 탈리아텔레

페라라에 살던 시절 성악 선생님 알랭은 미식가였어요. 제자들과 좋은 레스토랑을 즐겨 찾으셨는데, 어느 해 생일에 특별한 파스타를 사주셨지요. 그게 바로 송로버섯 파스타였어요. 그때 처음 맛본 뭐라 설명하기 어려운 향과 질감의 버섯. 워낙 비싼 재료라 그 이후로 먹을 기회가 드물었는데 아그리투리즘 여행 중에 다시 맛볼 수 있었지요. 라벤나의 조르쟈 선생님에게 배운 쉽고 간단한 송로버섯 파스타 레시피입니다.

재료
탈리아텔레 생면(p.23 참조) 120g
굵은소금(면수용) 30g
물 3L
송로버섯(생물 또는 병조림) 50g
마늘 1쪽
엑스트라 버진 올리브유 3큰술
버터 40g
파르메산치즈 2큰술
이탤리언 파슬리 약간
소금 약간

준비
송로버섯 흙은 솔로 털어내고 젖은 종이타월로 닦아 얇게 저민다.
병조림은 그대로 쓴다.
마늘 편으로 썬다.

쿠킹
1 달군 팬에 올리브유를 두르고 버터를 녹인 후 마늘을 볶아 향을 낸다.
2 끓는 물에 굵은소금을 넣고 면을 삶는다.
3 ①의 마늘은 꺼내고 송로버섯 40g을 넣은 후 약불에 3분 정도 익힌다.
4 면이 익어 떠오르면 건져 팬에 넣은 후 1분 정도 팬을 흔들어 만테카레를 한다. 이때 너무 뻑뻑하면 면수를 조금 넣고 소금으로 간을 맞춘다.
5 소스와 면이 잘 어우러지면 그릇에 담고 나머지 송로버섯과 파르메산치즈, 이탤리언 파슬리를 뿌려 낸다.

Risotto di Seppie Nere

의외로 간단한
오징어먹물리조또

시커먼 오징어 먹물을 처음 봤을 때, 까만 파스타와 리조또를 처음 봤을 때 무척 놀란 기억이 납니다. 제가 한국에 와서 두 번째로 일한 레스토랑 이름이 '치폴리나'였어요. 치폴리나에서 어떤 손님이 메뉴에 없는 오징어먹물리조또를 해줄 수 있는지 물어보더라고요. 직원 교육용으로 가지고 있던 오징어 먹물 농축액(요즘은 마트에서 팔아요)으로 리조또를 만들었고, 손님은 빈 접시에 제 캐리커처와 함께 맛있게 먹었다는 글을 남겨주었어요. 뿌듯하고 감사했죠. 오징어먹물리조또, 한번 만들어보세요. 생각보다 간단하고, 오징어 먹물이 튀어도 물에 잘 씻기니 걱정하지 마세요.

재료
이탈리아 쌀 180g(한국 쌀 200g)
갑오징어 200g
오징어 먹물 농축액 1큰술
양파 1/3개
화이트 와인 1/3컵
올리브유 2큰술
이탈리언 파슬리 약간
소금·후춧가루 약간씩

생선 육수
바지락 20개
모시조개 20개
홍합 10개
생선뼈 한 마리 분량
당근·양파·셀러리 1/2개씩
화이트 와인 1/2컵
엑스트라 버진 올리브유 2큰술
월계수잎 2장
로즈메리 약간

준비
쌀 이탈리아 쌀은 씻지 않고, 한국 쌀은 한 번만 가볍게 씻어 체에 밭친다.
갑오징어 밀가루나 굵은소금으로 세게 문질러 껍질을 벗기고 흐르는 물에 씻어 다리는 잘게 다지고 몸통은 길게 자른다.
양파 리조또용은 다지고, 생선 육수용은 길쭉하게 썬다.
바지락, 모시조개 반나절 이상 해감한 후 씻어서 체에 밭친다.
홍합 수염(족사)을 떼어낸 다음 흐르는 물에 깨끗이 씻는다.
생선뼈 깨끗이 씻는다.
당근, 셀러리 길쭉하게 썬다.
이탈리언 파슬리 잎만 따서 다진다.

쿠킹
1 달군 냄비에 엑스트라 버진 올리브유를 두르고 당근, 양파, 셀러리를 볶는다.
2 화이트 와인을 붓고 바지락, 모시조개, 홍합, 월계수잎, 로즈메리를 넣은 후 뚜껑을 닫고 강불에 5분 정도 끓인다. 생선뼈를 넣고 뚜껑을 연 채 약불에 30분 정도 끓여 체에 거른다.
3 달군 냄비에 올리브유를 두르고 양파를 볶는다.
4 양파가 숨이 죽으면 갑오징어를 넣고 3분 정도 볶는다.
5 쌀과 화이트 와인을 넣고 강불로 알코올을 날린다.
6 쌀이 눌어붙기 시작하면 쌀이 잠길 만큼 생선 육수를 붓고 중불에 3분 정도 익힌다.
7 오징어 먹물 농축액을 넣고 저은 후 이탈리언 파슬리를 넣는다. 이때 토핑용 이탈리언 파슬리를 조금 남긴다.
8 약불에 12분 정도 끓인 후 소금, 후춧가루로 간한다. 쌀알이 적당히 익었으면 그릇에 담고 이탈리언 파슬리를 뿌려 낸다.

midle level

risotto

HARRY'S TIP
생선 육수를 내기 번거롭다면 조개 육수를 써도 좋아요. 조개 육수도 생선육수와 똑같이 로즈메리, 월계수잎, 화이트 와인 등을 넣고 만들어요.

Risotto al Parmigiano

midle level

risotto

밀라노의 리조또
파르미쟈노리조또

밀라노 대표 치즈 리조또, 흰죽처럼 생긴 음식을 기대 없이
한 입 떠먹었을 때 그 맛에 깜짝 놀라곤 하죠. 2019년 가을 미슐랭
셰프에게 새로운 레시피를 배웠는데, 그 방법을 응용해 알려드릴게요.
파르메산치즈의 딱딱한 껍질을 우려서 활용하는 방법이에요. 먹을 수도
없고, 버리기도 아까웠던 껍질을 이렇게 쓰니 뿌듯해요.

재료
이탈리아 쌀 180g(한국 쌀 200g)
우유 1L
파르메산치즈 220g
파르메산치즈 껍질 200g
올리브유 2큰술

채수
물 1L
당근·셀러리·양파 1개씩

준비
쌀 이탈리아 쌀은 씻지 않고, 한국 쌀은 한 번만 가볍게 씻어 체에
받친다.
당근, 셀러리, 양파 다진다
파르메산치즈 그레이터에 간다.
파르메산치즈 껍질 손바닥만 한 크기로 자른다.

쿠킹
1 물에 당근, 셀러리, 양파를 넣고 1시간 정도 끓인다.
2 ①의 채수를 체에 거른 뒤 우유를 붓고 파르메산치즈 껍질을 넣어
  65℃ 정도로 데운 후 하룻밤 숙성시킨다.
3 ②를 체에 거르고, 치즈 껍질은 작게 깍둑썰기한다.
4 달군 냄비에 올리브유를 두르고 쌀과 ③의 맛국물을 부어 저으며
  약불에 20분간 끓인다. 한국 쌀은 15분 정도 끓인다.
5 쌀이 다 익으면 ③의 치즈 껍질과 파르메산치즈 120g을 넣고 2분 정도
  만테카레한 후 불을 끈다.
6 그릇에 펼쳐 담고 나머지 파르메산치즈를 뿌려 낸다.

HARRY'S TIP
우유를 섞은 음식은 끓어오르면 안 되니 지켜보고 있어야 해요.
이 리조또는 좋은 발사믹 식초를 몇 방울 떨어뜨려 먹어도 맛있어요.
치즈로 간을 하기 때문에 발사믹 식초가 잘 어울린답니다.

Sogliola al Olivanera

재료
가자미 2마리
블랙 올리브(병조림) 250g
세이지잎 4장
올리브유 2큰술
버터 20g
소금·후춧가루 약간씩

단호박퓌레(6인분)
단호박 300g
생크림 150ml
소금·후춧가루 약간씩

블랙올리브페스토 가자미구이

2001년 귀국 후 다음 해부터 매년 여름 이탈리아로 여행을 갔어요. 이탈리아는 참 변하지 않는 나라인데, 2008년쯤부터 그동안 레스토랑에서 보지 못하던 요리나 아시아 식재료로 만든 요리가 보였고, 최근에는 새로운 시도가 더 많아졌어요. 블랙 올리브를 유난히 좋아하는 저는 도무지 이탈리아 요리 같지 않은 이 생선 요리가 반가웠어요. 이탈리아 현지에서는 바칼라(baccala : 반건조한 대구과 생선)라는 생선으로 만들었는데, 저는 식감이 비슷한 가자미로 요리했어요. 생선을 그다지 좋아하지 않는 사람에게도 자신 있게 추천합니다.

준비
<u>가자미</u> 3장 포뜨기로 살만 바른 후 칼로 대강 다지고 소금, 후춧가루로 간한다.
<u>블랙 올리브</u> 물기를 빼고 씨를 발라 핸드 믹서에 곱게 간다
<u>단호박</u> 껍질을 벗겨 큼직하게 썬다.

쿠킹
1 단호박은 오븐 팬에 담아 190℃로 예열한 오븐에 굽는다.
2 ①과 생크림을 믹서에 곱게 간 후 소금, 후춧가루로 간해 단호박퓌레를 만든다.
3 블랙 올리브에 올리브유 1큰술, 소금, 후춧가루를 넣고 잘 젓는다.
4 가자미는 손으로 다독이며 먹기 좋은 크기로 모양을 잡는다. 한쪽 면에 ③의 블랙 올리브를 도톰하게 묻힌다.
5 달군 팬에 올리브유 1큰술과 버터를 두르고 세이지를 넣어 향을 낸 후 꺼낸다.
6 ④의 가자미를 블랙 올리브가 없는 쪽이 닿도록 팬에 올려 약불에 조심스레 굽는다.
7 오븐 팬에 유산지를 깔고 ⑥을 올린 후 올리브유를 살짝 두르고 170℃로 예열한 오븐에 20분간 굽는다.
8 접시에 단호박퓌레를 깔고 가자미를 올린 후 세이지를 군데군데 장식해 낸다.

HARRY'S TIP 생선을 통째로 쓰면 모양이 벌어지거나 잘 익지 않는데 생선 살을 다져 쓰면 모양 잡기도 좋고 식감도 부드러워요. 가자미 대신 도미나 광어 등 다른 흰 살 생선으로 만들어도 됩니다.

high level

main

Zuppa di Mare

리구리아식 해산물수프

이름은 수프지만 수프라고 하기에는 거창한 요리예요. 우리의 해물탕, 프랑스 요리 부야베스와 비슷해요. 남프랑스는 지리적으로 이탈리아와 가까워서 비슷한 음식이 많아요. 친퀘테레에서 먹은 해산물수프를 소개할게요.

재료
바지락 16개
가리비 4개
새우 12마리
갑오징어 1마리
주꾸미 4마리
도미(또는 대구) 150g
방울토마토 20개
홀 토마토 1컵
마늘 3쪽
올리브유 4큰술
버터 30g
홍피망 1/2개
블랙 올리브 1/2컵
케이퍼 1큰술
이탤리언 파슬리 약간
소금·후춧가루 약간씩

생선 육수
물 1L
생선뼈 한 마리 분량
당근·양파 1/2개씩
셀러리 1/2줄기
올리브유 약간
화이트 와인 1/2컵
이탤리언 파슬리 줄기 약간

준비
바지락 반나절 이상 해감한 후 씻어서 체에 밭친다.
가리비 껍질에 붙은 이물질을 제거하고 반나절 이상 해감한다.
새우 수염은 짧게 자르고 머리와 꼬리는 그대로 둔 채 씻어서 체에 밭친다.
갑오징어, 주꾸미 머리와 내장을 제거하고 먹기 좋은 크기로 썬다.
도미 3장 포뜨기로 살을 바르고, 뼈는 육수용으로 남긴다.
홀 토마토 꼭지를 따고 가볍게 주물러 으깬다.
방울토마토 꼭지를 따고 씻는다.
블랙 올리브 씨를 뺀다.
당근, 양파, 셀러리, 홍피망 잘게 다진다.
이탤리언 파슬리 잎만 따서 다지고, 줄기는 육수용으로 쓴다.
마늘 편으로 썬다.

쿠킹
1 바지락과 가리비는 200℃로 예열한 오븐에 10분간 익힌 후 입이 벌어지면 살만 바른다. 오븐 팬에 남은 육수는 따로 둔다.
2 냄비에 올리브유를 두르고 마늘을 볶아 향을 낸 후 피망, 블랙 올리브, 방울토마토를 넣고 볶는다.
3 ②에 홀 토마토를 넣고 강불에 5분 정도 끓이다가 ①의 육수를 붓는다.
4 다른 냄비에 올리브유를 두르고 당근, 양파, 셀러리를 볶다가 생선뼈를 넣고 화이트 와인을 부어 강불에 알코올을 날린다.
5 물과 이탤리언 파슬리 줄기를 넣고 뚜껑을 연 채 30분 정도 팔팔 끓인다. 체에 걸러 생선 육수를 만든다.
6 ③에 ⑤의 육수를 붓고 소금, 후춧가루로 간한 후 새우, 갑오징어, 주꾸미, 도미를 넣고 뚜껑을 덮어 중불에 10분간 끓인다.
7 ①의 바지락 살과 가리비 살, 케이퍼를 넣고 2분간 팔팔 끓인 후 버터를 넣고 불을 끈다. 그릇에 담고 이탤리언 파슬리, 후춧가루를 뿌려 낸다.

Mazzancolle

basic level

main

이탈리아식 새우볶음
마짱콜레

마짱콜레는 흰다리새우의 한 종류로 크기가 보통 새우보다 좀 더 크고 등에 무늬가 있어요. 친구 중 새우 마니아가 있었는데, 주말에 그 친구 집에 갔더니 이 요리를 해줬어요. 마늘과 쪽파를 뿌려 내길래 처음에는 중국요리인 줄 알았죠. 나중에 알고 보니 제가 쪽파라고 생각한 것이 차이브라는 서양 허브더라고요. 레스토랑을 하면서 갑자기 손님이 코스 요리를 예약할 경우 준비 없이 낼 수 있는 요리 중 하나랍니다. 그만큼 만들기 쉬운 반면 손님들은 아주 좋아하는 메뉴지요. 아, 이탈리아에서도 소금을 깔고 새우를 구워 먹기도 해요. 먹고 사는 건 어디나 비슷한가 봅니다.

재료

흰다리새우(큰 것) 16마리
마늘 2쪽
쪽파(또는 차이브) 2줄기
홍피망 1/3개
럼 2큰술
올리브유 2큰술
버터 10g
이탈리언 파슬리 약간
소금·후춧가루 약간씩

준비

새우 수염은 짧게 자르고 머리와 꼬리는 그대로 둔 채 씻어서 체에 밭친다.
마늘, 쪽파, 이탈리언 파슬리 다진다.
홍피망 그릴에 구워 그을린 껍질을 벗긴 후(p.34 참조) 가로세로 0.5cm 크기로 깍둑썰기한다.

쿠킹

1 주물 팬을 달군 후 올리브유 1큰술을 두르고 버터를 녹인다.
2 마늘을 넣고, 쪽파는 1큰술을 남기고 모두 넣어 중불에 살짝 볶는다.
3 ②의 팬에 새우를 넣고 익히다 한 번 뒤집은 후 럼을 넣어 불이 붙으면 3초 정도 그대로 둔다. 불을 끄고 소금, 후춧가루로 간한 후 중불에 2분 정도 더 볶는다.
4 올리브유 1큰술을 두르고, 남겨둔 쪽파와 홍피망, 이탈리언 파슬리를 뿌려 낸다.

HARRY'S TIP
마짱콜레는 따뜻하게 먹는 게 좋으니 주물 팬에 요리해 그대로 상에 내는 것을 추천해요. 이 요리에는 입자가 조금 큰 소금을 써야 더 맛있어요.

Vitello Tonnato

차게 먹는
참치소스 로스트비프

"밀라노에는 맛있는 요리가 없다"는 소문이 있어요. 왠지 모델 같은 사람이 가득한 도시는 식문화가 발달하지 않았을 것 같은 편견이겠지요. 그런데 밀라노는 로마보다 자동차, 패션 등 각종 상업이 더 발달한 글로벌 도시여서 좋은 식당이 많답니다. 밀라노를 대표하는 요리로 오소부코(osso buco)라는 송아지 정강이조림, 사프란리조또, 코톨레타(cottoletta)라는 돈가스의 원조 격인 음식도 있어요. 그리고 또 한 가지 롬바르다식 톤나토(tonnato)는 차게 먹는 고기 요리로 메인 요리뿐 아니라 애피타이저로도 훌륭해요. 캔 참치를 그다지 좋아하지 않는데, 톤나토의 소스를 먹고 생각이 바뀌었지요.

재료
쇠고기 우둔살 1.5kg
캔 참치 200g
안초비 2마리
케이퍼 70g
양파 1/2개
셀러리(160g)
당근 1개
마요네즈 8큰술
이탈리언 파슬리 30g
화이트 와인 160ml
레몬 1/2개
올리브유 170ml
소금·후춧가루 약간씩

준비
<u>쇠고기</u> 힘줄을 제거하고 덩어리째 준비해 소금, 후춧가루로 간한다.
<u>캔 참치, 안초비</u> 체에 밭쳐 기름을 뺀다.
<u>양파, 당근, 셀러리</u> 가로세로 0.5cm 크기로 깍둑썰기한다.
<u>레몬</u> 반달 모양으로 저민다.

쿠킹
1 쇠고기는 덩어리째 명주실로 둘러 묶는다. 가로로 둘러 매듭지은 후 일정한 간격으로 둘러가며 세로로 엮어 묶는다. 고기를 뒤집어서 가로로 지나간 끈에 세로로 끈을 엮어 묶는다.
2 달군 팬에 올리브유를 약간 두르고 고기를 넣어 강불에 5분 정도 앞뒤로 색이 나도록 굽는다.
3 오븐 팬에 고기와 양파, 당근, 셀러리를 넣고 화이트 와인을 부은 후 180℃로 예열한 오븐에 20분간 굽는다.
4 캔 참치를 ③의 오븐 팬에 넣고 토핑용 10개를 뺀 나머지 케이퍼와 안초비를 넣고 5분간 굽는다.
5 오븐 팬을 꺼내 포일로 덮은 후 20~30분간 레스팅한다. 레스팅해야 육즙이 고루 퍼진다.
6 ④와 올리브유 170ml를 믹서에 넣고 곱게 갈다가 마요네즈를 넣고, 소금, 후춧가루로 간한다.
7 ⑤의 고기를 최대한 얇게 썰고 ⑥의 소스를 뿌린 후 레몬과 케이퍼를 올려 낸다.

HARRY'S TIP
쇠고기는 기름이 없는 우둔살을 쓰는 게 좋아요. 이탈리아에서는 기계를 이용해 생햄처럼 얇게 썰어 요리하는데 집에서 손으로 썰면 투박한 모양이 돼요.

Formaggi in Petto di Pollo

치즈 품은 닭가슴살구이

우리는 치킨을 참 좋아하죠. 그러나 퍽퍽한 닭 가슴살은 호불호가 갈려요. 이탈리아에서 닭 가슴살 요리를 먹었는데 예상외로 부드러워서 맛있었던 기억이 있어요. 닭 가슴살을 진공 포장해 저온 조리하는 수비드 방법으로 요리하면 부드러워지지만 막상 집에서 하기는 번거롭죠. 그래서 이렇게 저렇게 해보며 쉬운 요리법을 찾았답니다.

재료

닭 가슴살 2쪽
프로슈토(또는 샌드위치용 햄) 2장
모차렐라치즈 100g
고담치즈 100g
밀가루 2큰술
화이트 와인 2큰술
대파 2줄기
올리브유·버터 약간씩
소금·후춧가루 약간씩

준비

닭 가슴살 도마에 올려 비닐을 덮고 고기 망치로 살살 두드린 후 소금, 후춧가루로 간한다.
모차렐라치즈, 고담치즈 잘게 다진다.
대파 씻어서 흰 부분만 손가락 길이로 자른다.

쿠킹

1 닭 가슴살 위에 프로슈토를 올리고 모차렐라치즈와 고담치즈를 섞어 올린다.
2 돌돌 말아 명주실로 둘러 묶거나 가운데에 이쑤시개를 꽂아 고정한다.
3 ②에 밀가루를 골고루 묻힌다.
4 달군 팬에 올리브유와 버터를 넣고 대파를 갈색이 나도록 구운 후 꺼낸다.
5 팬에 ③을 넣고 한쪽 면이 갈색이 나도록 3분간 굽는다.
6 화이트 와인을 넣고 닭 가슴살이 팬에서 떨어지면 뒤집어 다른 한쪽 면도 갈색이 나도록 구운 후 뚜껑을 덮고 약불에 8분간 익힌다.
7 접시에 대파를 깔고 ⑥을 올려 낸다.

Mousse al Cioccolato

basic level

dessert

젤라틴 없이 초콜릿무스

로마에 머물 때 절친 마뉴엘라의 결혼식에 초대받아 축가를 부르고, 가족 피로연에도 참석했어요. 그 피로연에서 초콜릿무스를 처음 먹어봤지요. 피로연에 열 가지가 넘는 정찬 코스 요리가 나왔는데, 디저트로 대접만 한 그릇에 담은 초콜릿무스를 주는 거예요. '더는 한 입도 못 먹겠다' 싶었는데 부드러운 무스를 입안에 넣는 순간 생각이 달라졌어요. 그렇게 초콜릿무스에 반해 여러 가지 방법으로 만들어보다 젤라틴 없이 만드는 쉬운 방법을 찾았지요. 초콜릿무스의 단점은 만들고 이틀 안에 먹어야 한다는 것인데, 남는 경우는 거의 없답니다!

재료
다크 초콜릿 커버쳐(80% 이상) 200g
달걀 7개
우유 100ml
생크림 300ml
꿀 20g

준비
초콜릿 대강 자른다.
달걀 노른자만 분리해 푼다.
생크림 핸드 믹서로 휘핑해 부드럽게 만든다.

쿠킹
1 노른자를 냄비에 담고 약불에 저어가면서 꿀을 넣고 1분 정도 젓는다.
2 ①에 우유를 붓고 끓기 시작하면 초콜릿을 넣고 초콜릿이 완전히 녹을 때까지 빠르게 저어가며 끓인다.
3 ②를 약간 굳을 정도로 완전히 식힌다.
4 휘핑한 생크림을 ③에 세 번 정도 나누어 부어가며 주걱으로 아래에서 위로 올리듯이 섞는다.
5 투명한 그릇에 부어 냉장고에 4시간 이상 보관했다가 낸다.

HARRY'S TIP 생크림은 부드럽게 휘핑해야 부드러운 무스가 돼요. 초콜릿이 완전히 식은 후 생크림을 넣으세요.

Berry Panna Cotta

basic level

dessert

베리 판나꼬따

판나는 '생크림', 꼬따는 '굽다'라는 뜻이에요. 학교 미술 시간에 배운, 흙을 구워 만든 토기 '테라코타' 기억나시지요? 테라코타의 코타가 굽는다는 뜻이지요. 판나꼬따는 생크림에 젤라틴을 넣어 만드는 디저트인데, 쉬운 조리법에 비해 마법처럼 맛있고 모양도 예뻐 이탈리아의 대표 가정식 디저트예요. 과일, 캐러멜소스, 초코 시럽, 에스프레소 시럽 등을 곁들여 다양하게 변형할 수 있어요.

재료
생크림 500ml
설탕 75g
판 젤라틴 3장(6g)
바닐라 에센스 약간
냉동 베리 1컵
슈거 파우더 1큰술

준비
젤라틴 찬물에 20분 정도 담근다.
냉동 베리 실온에 꺼내둔다.

쿠킹
1 생크림에 설탕을 넣고 저으며 약불에 녹인다.
2 끓기 시작하면 바닐라 에센스를 넣고 5분 정도 끓인 후 불을 끄고 거품을 걷는다.
3 젤라틴을 넣고 저은 후 체에 걸러 종이컵에 담는다. 냉장고에 6시간 동안 넣어둔다.
4 냉동 베리 4~8알은 따로 두고, 나머지 베리는 작은 냄비에 끓이다가 슈거 파우더를 넣고 살짝 졸여 소스를 만든다.
5 ③의 판나꼬따는 종이컵을 가위로 잘라 동그란 모양대로 접시에 담는다.
6 베리소스와 따로 둔 냉동 베리를 올려 낸다.

Panna Cotta al Caramello

캐러멜 판나꼬따

재료
생크림 500ml
설탕 75g
판 젤라틴 3장(6g)
바닐라 에센스 약간
뜨거운 물 150ml

캐러멜 시럽
물 150ml
설탕 350g

준비
젤라틴 찬물에 20분 정도 담근다.

쿠킹
1 생크림에 설탕을 넣고 저으며 약불에 녹인다.
2 끓기 시작하면 바닐라 에센스를 넣고 5분 정도 끓인 후 불을 끄고 거품을 걷는다.
3 젤라틴을 넣고 저은 후 체에 걸러 투명한 잔에 담아 냉장고에 6시간 동안 넣어둔다.
4 냄비에 물과 설탕을 넣고 저으며 약불로 끓이다가 끓기 시작하면 젓기를 멈춘다. 가끔 냄비를 좌우로 흔들어 섞으며 67℃까지 끓여 진한 캐러멜 시럽을 만든다.
5 ④에 뜨거운 물을 붓고 잘 저은 후 1분 정도 끓인다. 식힌 다음 소독한 병에 보관한다.
6 판나꼬따에 캐러멜 시럽을 뿌려 낸다.

middle level

dessert

Espresso Panna Cotta

에스프레소 판나꼬따

재료
생크림 300ml
에스프레소 100ml
우유 100ml
황설탕 80g
판 젤라틴 3장(6g)
바닐라 에센스 약간

에스프레소 시럽
에스프레소 100ml
황설탕 100g
럼 1큰술

준비
<u>젤라틴</u> 찬물에 20분 정도 담근다.
<u>에스프레소</u> 미리 뽑아둔다.

쿠킹
1 생크림, 에스프레소, 우유를 섞어 라테를 만든 후 반만 냄비에 담고 따뜻하게 데운다.
2 황설탕을 넣고 저어가며 녹인다.
3 젤라틴과 바닐라 에센스를 넣고 저은 후 체에 걸러 ①에서 남겨둔 라테와 섞는다. 투명한 잔에 담아 냉장고에 6시간 동안 넣어둔다.
4 분량의 에스프레소 시럽 재료를 모두 섞은 후 5분 정도 끓여 카라멜화하면 식힌다. ③에 시럽을 뿌려 낸다.

HARRY'S TIP
진한 커피 맛을 원한다면 에스프레소를 30ml 정도 더 넣어보세요.

Table from Italian Recipe

책에 소개한 메뉴로 구성한 점심, 저녁, 파티 테이블.

동창 모임

맥주 안주로 최고인 브루스케타, 문어샐러드와 문어구이로 시작해 푸짐한 해산물 스파게티와 씨겨자양갈비구이를 내면 든든하지요. 쨍하고 강렬한 맛의 리몬첼로로 마무리하고요. 특히 남자들이 좋아할 메뉴예요.

브루스케타 94p   문어샐러드 162p   문어구이 163p   리몬첼로 50p
해산물 스파게티 138p   씨겨자양갈비구이 148p

부모님 생신

한식을 좋아하는 부모님 입맛에도 잘 맞는 메뉴로 구성해요. 진한 닭육수로 만든 양파수프와 등 푸른 생선 튀김, 파스타보다는 리조또를 넣고, 도미오븐구이를 내면 테이블이 특별해집니다. 디저트는 달지 않은 당근케이크를 추천해요.

양파수프 74p   사오르 76p   도미오븐구이 152p
파르미쟈노리조또 180p   당근케이크 48p

아란치니 168p

카로짜 70p

아이들 파티
아이들을 위한 파티에는 핑거 쿠키처럼 집어 먹기 좋은 메뉴로 뷔페처럼 펼쳐 차리면 좋아요. 동글동글 아란치니와 튀김 요리인 카로짜, 쇠고기치즈말이 같은 메뉴를 추천해요. 아이들 식탁에 닭과 케이크가 빠질 수는 없지요.

사냥꾼의 닭 요리 86p

쇠고기치즈말이 88p

초코케이크 46p

컬리플라워수프 36p

치즈 넣은 수플레 158p

둘이서 근사하게
고급스럽고 은근한 향과 맛을 즐길 수 있는 컬리플라워수프와 터뜨려 먹는 재미가 있는 치즈 넣은 수플레, 정성 가득한 생면 라자냐, 만들기 쉬우면서 맛있기까지 한 티라미수로 구성해요.

생면 라자냐 42p

티라미수 90p

당근수프 106p

쿠스쿠스샐러드 66p

여자들끼리 모임
예쁘고 맛있고 부담은 적은 메뉴예요. 은근한 단맛이 매력 있는 당근수프와 칼로리는 낮지만 포만감 있는 쿠스쿠스샐러드, 생크림이 들어가지만 느끼하지 않은 새우로제 스파게티, 부드럽고 진한 맛의 초콜릿무스로 구성해요.

새우로제 스파게티 134p

초콜릿무스 192p

Index

ㄱ
가르가넬리 40
가르가넬리 생면 23
가지절임 62, 93
가지카포나타 64
감자그라탱 114
감자대파크림수프 112
감자프리타타 116
광어세비체 122
그리스식 샐러드 118
까르보나라 스파게티 82

ㄴ
뇨끼 80

ㄷ
단호박카펠라치 44
닭 육수 18
당근수프 106, 199
당근케이크 48, 198
도미오븐구이 152, 198
딱새우로제리조또 144

ㄹ
라구소스 15
라비올리 생면 19
라자냐 40, 199
라자냐 생면 22
레몬소르벳또 52
리구리아식 해산물수프 184
리몬첼로 50
리코타치즈 시금치 칸넬로니 140
링귀네 124, 136

ㅁ
마짱콜레 186
모둠버섯 시금치탈리아텔레 132
문어샐러드 162, 198

ㅂ
바질페스토 16
방울토마토 피클 30
버터너트스쿼시수프 104
베리 판나꼬따 194
베샤멜소스 17
보리수프 72
보리타불레 160
볼로녜제 탈리아텔레 130
봉골레 링귀네 136
브로콜리수프 108
브루스케타 94, 198
블랙올리브페스토 가자미구이 182
비스테카 146
비트단감샐러드 120

ㅅ
사냥꾼의 닭 요리 86, 199
사오르 76, 198
새우로제 스파게티 134, 199
새우크림 탈리아텔레 128
송로버섯 탈리아텔레 176
쇠고기치즈말이 88, 199
쇠고기타르타르 170
시금치살타토 58, 147
씨겨자양갈비구이 148, 198

ㅇ
아라비아타 펜네 84
아란치니 168, 199
안초비오징어 스파게티 174
알리오올리오 126
양송이버섯수프 110
양파수프 74, 198
양파초절임 30
에스프레소 판나꼬따 197
오징어먹물리조또 178
오징어튀김 78
왕새우구이 사프란리조또 142

ㅈ
쟈르디녜라 102
주키니카르파초 68

ㅊ
참치소스 로스트비프 188
채수 18
초코케이크 46, 199
초콜릿무스 192, 199
치즈 넣은 수플레 158, 199
치즈 품은 닭가슴살구이 190

ㅋ
카로짜 70, 199
칸넬로리 생면 24, 141
캐러멜 판나꼬따 196
컬리플라워수프 36, 199
쿠스쿠스샐러드 66, 199
크로스티니 92
크림당근 32

ㅌ
탈리아텔레 생면 23, 128, 131, 177
토르텔리니 38
토르텔리니 생면 24
토마토소스 14
티라미수 90, 199

ㅍ
파르미쟈노리조또 180, 198
판짜넬라 164
판체로티 166
포카치아 100
표고버섯오븐구이 60
피망직화구이 34

ㅎ
해산물 스파게티 138, 198
홍합와인찜 172

Sauce

바질페스토 16
닭 육수 18
라구소스 15
베샤멜소스 17
채수 18
토마토소스 14

Soup

감자대파크림수프 112
당근수프 106, 199
버터너트스쿼시수프 104
보리수프 72
브로콜리수프 108
양송이버섯수프 110
양파수프 74, 198
컬리플라워수프 36, 199

Salad

그리스식 샐러드 118
문어샐러드 162, 198
보리타불레 160
비트단감샐러드 120
주키니카르파초 68
쿠스쿠스샐러드 66, 199
판짜넬라 164

Appetizer

감자그라탱 114
감자프리타타 116
광어세비체 120
브루스케타 94, 198
사오르 76, 198
쇠고기타르타르 170
아란치니 168, 199
오징어튀김 78
치즈 넣은 수플레 158, 199
카로짜 70, 199
크로스티니 92
판체로티 166
포카치아 100
홍합와인찜 172

Pasta

가르가넬리 40
가르가넬리 생면 23
까르보나라 스파게티 82
뇨끼 80
단호박카펠라치 44
라자냐 42, 199
리코타치즈 시금치 칸넬로니 140
링귀네 122
모둠버섯 시금치탈리아텔레 132
바질페스토 링귀네 124
볼로네제 탈리아텔레 130
봉골레 링귀네 136
아라비아타 펜네 84
안초비오징어 스파게티 174
알리오올리오 126
새우로제 스파게티 134, 199
새우크림 탈리아텔레 128
송로버섯 탈리아텔레 176
토르텔리니 38
해산물 스파게티 138, 198

Risotto

딱새우로제리조또 144

오징어먹물리조또 178

왕새우구이 사프란리조또 142

파르미쟈노리조또 180, 198

Main

도미오븐구이 152, 198

블랙올리브페스토 가자미구이 182

비스테카 146

마짱콜레 186

리구리아식 해산물수프 184

사냥꾼의 닭 요리 86 , 199

쇠고기치즈말이 88, 199

씨겨자양갈비구이 148, 198

참치소스 로스트비프 188

치즈 품은 닭가슴살구이 190

Side Dish

가지절임 62, 93

가지카포나타 64

방울토마토 피클 30

시금치살타토 58, 147

양파초절임 30

쟈르디녜라 102

크림당근 32

표고버섯오븐구이 60

피망직화구이 34

Dessert

당근케이크 48, 198

리몬첼로 50, 198

레몬소르벳또 52

베리 판나꼬따 194

에스프레소 판나꼬따 197

초코케이크 46 , 199

초콜릿무스 192, 199

캐러멜 판나꼬따 196

티라미수 90, 199

푸근한 할머니 음식에서
미슐랭 셰프의 레시피까지
이탈리아 집밥

초판 1쇄 발행 2020년 9월 10일
초판 5쇄 발행 2024년 11월 10일

지은이	정해리
펴낸곳	브.레드
책임 편집	이나래
교정·교열	박혜경
푸드 스타일링	101recipe 문인영
사진	물나무 이정민
Special thanks to	김남희
디자인	반하나 프로젝트
마케팅	김태정
인쇄	㈜상지사 P&B

출판 신고 2017년 6월 8일 제2023-000083호
주소 서울시 중구 퇴계로41길 39 703호
전화 02-6242-9516 | **팩스** 02-6280-9517 | **이메일** breadbook.info@gmail.com

ⓒ 정해리, 2020
이 책 내용의 전부 또는 일부를 재사용하려면 출판사와 저자 양측의 동의를 얻어야 합니다.
ISBN 979-11-90920-02-5 13590

b.read 브.레드는 라이프스타일 출판사입니다. 생활, 미식, 공간, 환경, 여가 등
개인의 일상을 살피고 삶을 풍요롭게 하는 이야기를 담습니다.